Pocket Power

Mike Schulz, Helmut Hofbauer

Arbeitsrecht für Führungskräfte

- Abmahnung
- Kündigung
- Personalgespräch
- Weisungsrecht

HANSER

Bibliografische Information der Deutschen Nationalbibliothek
Die Deutsche Nationalbibliothek verzeichnet diese Publikation in der Deutschen Nationalbibliografie; detaillierte bibliografische Daten sind im Internet über http://dnb.d-nb.de abrufbar.

http://www.hanser-fachbuch.de

Lektorat: Lisa Hoffmann-Bäuml
Herstellung: le-tex publishing services GmbH, Leipzig
Satz: Kösel Media GmbH, Krugzell
Umschlaggestaltung und -realisation: Stephan Rönigk
Druck und Bindung:
Hubert & Co – eine Marke der Esser bookSolutions GmbH, Göttingen
Printed in Germany

ISBN 978-3-446-45188-9

E-Book-ISBN 978-3-446-45357-9

Inhalt

1 Einleitung

Als Führungskraft mit Personalverantwortung benötigen Sie auch als Nichtjurist ergänzend zu Ihren Führungskompetenzen fundierte Kenntnisse im Arbeitsrecht. Als disziplinarischer Vorgesetzter vertreten Sie den Arbeitgeber. Neben der methodischen, sozialen und persönlichen Kompetenz erfordert diese Rolle auch arbeitsrechtliches Know-how, da Sie im Zusammenhang mit der Mitarbeiterführung spezielle Herausforderungen und Fragestellungen erwarten. Gerade in konfliktträchtigen Situationen müssen Sie nicht nur kompetent agieren, sondern auch juristisch professionell handeln. Im Hinblick auf Führung gilt: Dort wo Sie „Klarheit" besitzen, können Sie auch einen klaren Standpunkt beziehen. Diese Klarheit strahlen Sie auch aus, was wiederum die Akzeptanz bei Ihrem Gegenüber erhöht. Anders formuliert: In den Aspekten Ihres Führungshandelns, in denen Sie unsicher sind, agieren Sie auch nicht überzeugend. Das heißt:

Arbeitsrechtliches Wissen stärkt Sie in Ihrer Führungsrolle!

Das für Sie als Führungskraft in diesem „Pocket-Power-Band" zusammengestellte „Know-how"

- lässt Sie als selbstbewusstere und souveränere Führungskraft agieren,
- stärkt Ihre Überzeugungskraft,
- verleiht Ihnen Mittel und Werkzeuge, wie Sie konfliktträchtige arbeitsrechtliche Situationen meistern,
- versetzt Sie in die Lage, mit der Personalabteilung auf „Augenhöhe" zu diskutieren bzw. der Personalabteilung selbst Vorschläge zur weiteren Vorgehensweise zu unterbreiten,

- gibt Ihnen Entscheidungshilfen an die Hand, um im Einzelfall sich für die zielführendste arbeitsrechtliche Maßnahme zu entscheiden und diese umzusetzen,
- bewahrt Sie vor Fehlern durch das Aufzeigen von typischen Fehlerquellen,
- eröffnet Ihnen neuen Gestaltungsspielraum durch das Aufzeigen von Tipps und Tricks und
- bereitet Sie auf mögliche Reaktionen der Mitarbeiter in vielen arbeitsrechtlich relevanten Situationen vor und zeigt auf, wie Sie damit umgehen können.

Dieser Pocket-Power-Band vermittelt Ihnen grundlegendes arbeitsrechtliches Handwerkszeug für die gängigsten konfliktträchtigen Situationen: für den Ausspruch von **Abmahnungen** und **Kündigungen**, das Führen von **Personalgesprächen** sowie die Ausübung Ihres **Weisungsrechts**. Jedes Kapitel ist praxisnah unterteilt in zwei Kategorien:

- rechtliche Grundlagen,
- Tipps, Fehlerquellen & häufige Fragen.

Der Umgang mit den Reaktionen des Mitarbeiters spielt dabei eine zentrale Rolle.

Folgende Symbole weisen Sie auf Besonderheiten hin:

: Achtung

: Tipp

: Merke

2 Abmahnung

***Fallbeispiel:** A ist Abteilungsleiter in der Auftragssteuerung eines Industrieunternehmens. Die 20 Mitarbeiter in seinem Team arbeiten in einem Zweischichtsystem. Beginn und Ende der jeweiligen Schicht werden in monatlich neu erstellten Dienstplänen geregelt. Mitarbeiter M kommt in letzter Zeit öfter unpünktlich. Dies führt zunehmend zu Diskussionen und Unruhe im Team sowie zu Ärger und Frustration bei den restlichen 19 Kollegen, die stets pünktlich zur Arbeit erscheinen und die Tätigkeiten des M notgedrungen miterledigen. Vermehrt fallen Aussagen wie „Man kann hier ja machen, was man will" oder „Der tanzt dem Chef auf der Nase herum". A ist, nicht zuletzt aufgrund der Stimmung in der Abteilung, nicht weiter bereit, die Unpünktlichkeit des M zu dulden, und überlegt, gegenüber M eine Abmahnung auszusprechen. A ist sich unsicher, ob das geht, und wenn ja, was er zu beachten hat.*

2.1 Rechtliche Grundlagen

2.1.1 Normierung und Definition

Die arbeitsrechtliche Abmahnung ist spezialgesetzlich bisher nicht normiert, findet aber beispielsweise Erwähnung in § 314 Abs. 2 Satz 1 BGB: „*Besteht der wichtige Grund in der Verletzung einer Pflicht aus dem Vertrag, ist die Kündigung erst nach erfolglosem Ablauf einer zur Abhilfe bestimmten Frist oder nach erfolgloser Abmahnung zulässig.*"

Das BAG hat die Abmahnung in der Entscheidung vom 18.01.1980 – 7 AZR 75/78 wie folgt definiert: „*Eine Abmahnung liegt vor, wenn der Arbeitgeber in einer für den Arbeitnehmer hinreichend deutlich erkennbaren Art und Weise Leistungsmängel beanstandet und damit den Hinweis verbindet, dass im Wiederholungsfalle der Inhalt oder der Bestand des Arbeitsverhältnisses gefährdet sei.“*

Die Abmahnung ist grundsätzlich Voraussetzung für den Ausspruch einer verhaltensbedingten Kündigung. Deshalb kommt ihr in der Praxis eine so zentrale Bedeutung zu.

2.1.2 Häufige Abmahnungsgründe

Die Gründe für eine Abmahnung stehen in der Regel im Zusammenhang mit Pflichtverletzungen eines Mitarbeiters im Verhaltens- und Leistungsbereich oder im Vertrauensbereich. Beispielhaft sind zu nennen:

- unentschuldigtes Fehlen,
- unpünktliches Erscheinen am Arbeitsplatz,
- eigenmächtiger Urlaubsantritt,
- Nichtbefolgung von Arbeitsanweisungen,
- mangelhafte Erledigung der übertragenen Aufgaben,
- unerlaubte private Internetnutzung während der Arbeitszeit,
- verspätete Vorlage der Arbeitsunfähigkeitsbescheinigung,
- Arbeitszeitbetrug,
- Diebstahl, Untreue,
- Verstoß gegen betriebliche Regelungen (z.B. Alkohol- oder Rauchverbot),
- Ausübung einer unerlaubten Nebentätigkeit,
- Beleidigungen von Vorgesetzten und Kollegen
- etc.

2.1.3 Funktionen der Abmahnung und Musterbeispiel

Die Abmahnung hat drei Funktionen zu erfüllen (vgl. Bild 1):

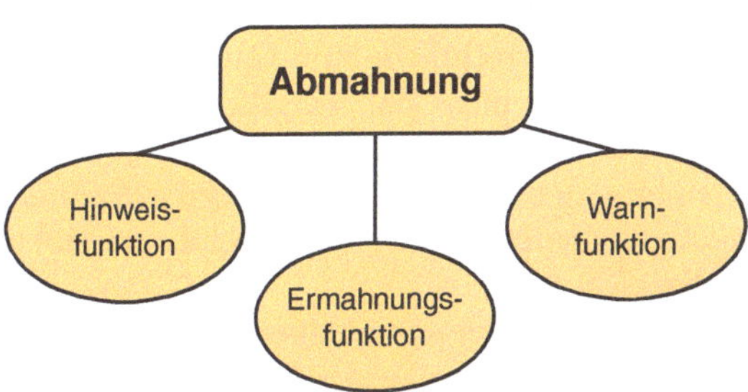

Bild 1: *Funktionen einer Abmahnung*

a) Hinweisfunktion der Abmahnung

Die Abmahnung muss den Hinweis beinhalten, dass ein konkretes Verhalten des Arbeitnehmers beanstandet wird. Dabei muss es sich zwingend um ein vertragswidriges Verhalten, konkret um eine arbeitsvertragliche Pflichtverletzung, handeln. Mit der Hinweisfunktion wird der Zweck verfolgt, dass sich der Arbeitnehmer später nicht auf folgende Argumentation berufen kann: *„Wenn ich gewusst hätte, dass mein Fehlverhalten kündigungsrelevante Bedeutung hat, hätte ich es selbstverständlich zukünftig geändert. Die mit meinem Fehlverhalten verbundene Gefährdung des Arbeitsverhältnisses war mir nicht bewusst."*

b) Ermahnungsfunktion der Abmahnung

Der Arbeitnehmer wird ermahnt, sich zukünftig vertragsgemäß bzw. sich entsprechend den getroffenen Vereinbarungen zu verhalten. Aus Transparenzgründen bietet es sich an, konkret zu formulieren, wie sich der Arbeitnehmer zukünftig verhalten soll. Darauf kann verzichtet werden, wenn sich das zukünftig erwartete Verhalten bereits aus dem Verstoß bzw. Fehlverhalten ergibt.

c) Warnfunktion der Abmahnung

Für den Fall zukünftiger gleichartiger Pflichtverletzungen sind weitere arbeitsrechtliche Konsequenzen anzudrohen. Dem Arbeitnehmer muss klar sein, dass Sie als Führungskraft nicht bereit sind, gleichartiges Verhalten zukünftig zu tolerieren bzw. zu dulden. Gleichzeitig ist die Warnfunktion mit der Ankündigung weiterer arbeitsrechtlicher Sanktionen verbunden.

d) Musterbeispiel einer Abmahnung

Die Abmahnung inklusive der dargestellten Funktionen kann im zu Beginn dargestellten Fallbeispiel wie folgt lauten:

„Sehr geehrter Herr M,
bedauerlicherweise sehen wir uns gezwungen, Ihnen wegen einer arbeitsvertraglichen Pflichtverletzung eine Abmahnung auszusprechen. Die Abmahnung beruht auf folgendem Sachverhalt:
Laut Dienstplan waren Sie am Freitag, den 13.01.2017, für den Dienst ‚TS1' eingeplant, welcher um 7.00 Uhr beginnt. Hingegen sind Sie am 13.01.2017 erst um 8.28 Uhr zur Arbeit erschienen, also eine Stunde und 28 Minuten zu spät. Im Interesse eines ungestörten Arbeitsablaufs und des Betriebsfriedens und mit Rücksicht auf die Mitarbeiter, die ihre Arbeit pünktlich antreten, können wir ein solches Fehlverhalten nicht hinnehmen.
Mit dem geschilderten Verhalten haben Sie gegen Ihre arbeitsvertragliche Pflicht verstoßen, weshalb wir Sie hiermit abmahnen. Ich fordere Sie daher dazu auf, zukünftig Ihre Arbeit entsprechend der Einteilung im Dienstplan pünktlich aufzunehmen und sich vertragsgemäß zu verhalten.

Sollte sich eine derartige oder gleichartige Pflichtverletzung wiederholen, müssen Sie mit weiteren arbeitsrechtlichen Konsequenzen, bis hin zu einer Kündigung des Arbeitsverhältnisses, rechnen. Eine Ausfertigung dieser Abmahnung werden wir Ihrer Personalakte beifügen.
Mit freundlichen Grüßen
A
Abteilungsleiter"

2.2 Tipps, Fehlerquellen & häufige Fragen

2.2.1 Formale Hinweise und Sachverhaltsaufklärung

Formulieren Sie die Pflichtverletzung so konkret wie möglich

Achten Sie besonders auf die konkrete Darstellung der Pflichtverletzung und geben Sie Ort, Datum, Uhrzeit, beteiligte Personen usw. genau an. Ansonsten droht die Unwirksamkeit der Abmahnung.

- **Schreiben Sie nicht:** „Sie kommen in letzter Zeit häufig zu spät, deshalb mahnen wir Sie ab." **Schreiben Sie konkret:** „Am 14.03.2017 sind Sie um 7.29 Uhr zum Dienst angetreten. Laut Dienstplan war Arbeitsbeginn um 7.00 Uhr. Sie sind daher 29 Minuten zu spät gekommen."
- **Schreiben Sie nicht:** „Sie haben Ihre Arbeitsunfähigkeitsbescheinigung zu spät abgegeben, deshalb mahnen wir Sie ab." **Schreiben Sie konkret:** „Nach § 5 Abs. 1 Satz 2 EntgFZG gilt: ‚Dauert die Arbeitsunfähigkeit länger als drei Kalendertage, hat der Arbeitnehmer eine ärztliche Bescheinigung über das Bestehen der Arbeitsunfähigkeit sowie deren voraussichtliche Dauer spätestens an dem darauffolgenden Arbeitstag vorzulegen.' Sie haben sich telefonisch bei Ihrem

Vorgesetzten am Montag, den 13.03.2017 für die ganze Woche, also bis einschließlich 17.03.2017 krankgemeldet. Eine Bescheinigung über das Bestehen der Arbeitsunfähigkeit haben Sie bis einschließlich heute (21.03.2017) nicht vorgelegt."

Abmahnung: Schriftlich oder mündlich?

Entgegen einem weitverbreiteten Irrglauben muss die arbeitsrechtliche Abmahnung **nicht** schriftlich erfolgen. Die Abmahnung ist eine geschäftsähnliche Handlung, die keiner Form bedarf. Sie kann demnach auch mündlich erfolgen. Sie müssen sich aber immer die Frage stellen, wie Sie später, in einem eventuellen Verfahren vor dem Arbeitsgericht, den Beweis führen werden, dass Sie eine wirksame Abmahnung ausgesprochen haben. Dafür trägt der Arbeitgeber die Darlegungs- und Beweislast. Die pauschale Aussage „*Wir haben eine mündliche Abmahnung ausgesprochen*" genügt nicht.

Um der Darlegungs- und Beweislast zu genügen, muss der Nachweis erbracht werden, dass die Abmahnung mit Verweis auf die Hinweis-, Ermahnungs- und Warnfunktion ausgesprochen worden ist:

- Der Pflichtenverstoß ist mündlich konkret unter Darlegung des Sachverhalts benannt worden (**Hinweisfunktion**).
- Es ist konkret formuliert worden, welches Verhalten der Arbeitgeber zukünftig erwartet (**Ermahnungsfunktion**).
- Es wurde die Warnung ausgesprochen, dass bei weiteren gleichartigen Pflichtverstößen weitere arbeitsrechtliche Maßnahmen in Betracht kommen (**Warnfunktion**).

Aus Beweisgründen ist stets eine schriftliche Abmahnung zu empfehlen.

Wenn eine mündliche Abmahnung ausgesprochen werden soll, dann nehmen Sie einen Zeugen mit in das Abmahnungsgespräch und protokollieren Sie das Gespräch. Achten Sie darauf, dass der Zeuge nicht der Geschäftsführer ist. Denn dieser ist Partei eines eventuellen zukünftigen Rechtsstreits und kann daher nicht Zeuge sein. Ziehen Sie stattdessen einen Mitarbeiter aus der Personalabteilung oder einen Ihrer Vertrauten (z.B. Ihren Stellvertreter) hinzu.

Wer ist abmahnungsberechtigt?

Abmahnungsberechtigt ist grundsätzlich jeder Vorgesetzte, der dem betroffenen Mitarbeiter gegenüber weisungsbefugt ist. Im Hinblick auf die Abmahnungsberechtigung müssen Sie klären, wie das in Ihrem Unternehmen gehandhabt wird. Folgende Fragen stellen sich:

- Was dürfen Sie?
- Sind Sie abmahnungsberechtigt oder ist dies explizit in Ihrer Stellenbeschreibung ausgeschlossen?
- Inwieweit muss/soll/kann die Personalabteilung miteinbezogen werden?
- Wie ist das konkrete Vorgehen?
- Wer unterschreibt die Abmahnung?

Erkundigen Sie sich auf jeden Fall, wie die Handhabung in Ihrem Unternehmen ist.

Abmahnungsberechtigt ist zudem ein vom Arbeitgeber bevollmächtigter Rechtsanwalt. Nutzen Sie diesen Weg, wenn es taktisch sinnvoll ist, dass eine „dritte" Person gegenüber dem Arbeitnehmer eine Abmahnung ausspricht.

Vermeiden Sie böse Überraschungen und klären Sie den Sachverhalt im Vorfeld genau auf

Machen Sie nicht den Fehler, mit allen Beteiligten zu sprechen, aber nicht mit dem Betroffenen. Eine gründliche Aufklärung des Sachverhalts, inklusive eines Gesprächs mit dem betroffenen Mitarbeiter, erspart oft Peinlichkeiten im Abmahnungsgespräch. So vermeiden Sie, dass sich auf einmal der Sachverhalt völlig anders darstellt als zunächst ermittelt bzw. Informationen hinzukommen, die das Verhalten des Betroffenen in einem anderen Licht erscheinen lassen. Stellen Sie sich vor, dass in dem einleitenden Fallbeispiel A gegenüber M eine Abmahnung aufgrund dessen Unpünktlichkeit, am Freitag, den 13.01.2017, ausspricht. Konfrontiert mit dem Vorwurf entgegnet M: *„Ich war pünktlich zum Dienstbeginn im Haus, als ich unserem Geschäftsführer begegnet bin. Dieser hat mich gebeten, aufgrund eines akuten Personalmangels für eineinhalb Stunden in der Abteilung X auszuhelfen."* Die Befragung des Mitarbeiters erspart unter Umständen nicht nur Peinlichkeit, sondern auch unnötigen Zeitaufwand, der durch die Formulierung einer Abmahnung entsteht, die dann aufgrund neuer Sachverhaltserkenntnisse nicht ausgesprochen wird.

Eine allgemeine gesetzliche Pflicht zur Anhörung des Betroffenen vor Ausspruch einer Abmahnung existiert nicht. Sie sind daher grundsätzlich frei in Ihrer Entscheidung. Es kann jedoch sein, dass branchenspezifische Tarifverträge (insbesondere im öffentlichen Dienst) oder speziell vereinbarte Betriebsvereinbarungen eine Anhörungspflicht vorschreiben. Machen Sie sich kundig, was für Ihr Unternehmen gilt!

2.2.2 Taktische und strategische Erwägungen

Was tun, wenn das Fehlverhalten längere Zeit geduldet wurde?

Es kann Situationen geben, in denen ein Mitarbeiter über einen längeren Zeitraum Fehlverhalten zeigte, dieses aber – aus welchen Gründen auch immer – nicht geahndet worden ist. Im Fall des Mitarbeiters M ist beispielsweise Folgendes vorstellbar: Mitarbeiter M kommt bereits seit sechs Monaten gelegentlich zu spät. A hat dieses Verhalten nie beanstandet. Diese Duldung vom Abteilungsleiter kann bei M die Annahme hervorrufen, der Arbeitgeber akzeptiere sein Verhalten und sehe es als vertragsgemäß an. Spricht A nun eine Abmahnung aus, besteht das Risiko, dass die Abmahnung als „treuwidrig" anzusehen ist und damit gegen den aus § 242 BGB abgeleiteten Grundsatz der Unzulässigkeit widersprüchlichen Verhaltens verstößt (§ 242 BGB fordert, dass Leistungen nach Treu und Glauben und gemäß der Verkehrssitte erbracht werden).

Auf der einen Seite duldet der Arbeitgeber über sechs Monate ein Fehlverhalten und auf der anderen Seite macht er im siebten Monat genau dieses sechs Monate nicht beanstandete Fehlverhalten zum Gegenstand einer Abmahnung. Von daher ist dem Abteilungsleiter in derartigen Fällen zu raten, zunächst ein Gespräch mit dem Mitarbeiter zu führen, in dem er klargestellt, dass er zukünftig nicht mehr bereit ist, das Fehlverhalten zu dulden.

Führen Sie eine Zäsur herbei! Zeigen Sie dem Mitarbeiter konkret auf, welche Regeln zukünftig gelten. Dokumentieren Sie das Gespräch in einem Protokoll und senden Sie es dem Mitarbeiter per E-Mail zu. Fordern Sie den Mitarbeiter darin auf, den Eingang zu bestätigen und bei Unklarheiten sich mit Ihnen in Verbindung zu setzen.

Dies gilt aber nicht, wenn der Abteilungsleiter keine Kenntnis von den Pflichtverstößen über einen längeren Zeitraum hatte. Hier fehlt es an einer bewussten Duldung des Fehlverhaltens. Dass man keine Kenntnis von den Pflichtverstößen hatte, kann nicht bei offenkundigen Tatsachen gelten. Im Beispielsfall wird sich A nicht darauf berufen können, er habe sechs Monate lang keine Kenntnis von der Unpünktlichkeit des M gehabt. Durch die Einsicht in das Zeiterfassungssystem – für den Vorgesetzten eine offenkundige Tatsache – hätte er ohne Probleme Kenntnis erlangen können.

Die Ermahnung – oder muss es immer eine Abmahnung sein?

Als „Vorstufe“ der Abmahnung existiert die Ermahnung. Sie verfolgt die identische Zweckrichtung wie eine Abmahnung, soll also den Mitarbeiter darauf hinweisen, dass ein Fehlverhalten vorliegt und Sie als Führungskraft erwarten, dass das Fehlverhalten zukünftig abgestellt wird. Eine Ermahnung enthält aber, anders als eine Abmahnung, keine Kündigungsandrohung und ist deshalb kündigungsrechtlich ohne entscheidende Bedeutung. Auch eine Ermahnung kann sowohl mündlich als auch schriftlich erfolgen. Sollte sie mündlich ausgesprochen werden, ist in jedem Fall zu empfehlen, dass Sie sich einen Zeugen dazunehmen und dass das Gespräch protokolliert wird bzw. im Nachgang zu dem Gespräch eine Aktennotiz angefertigt wird.

Machen Sie die Entscheidung, ob Sie eine Abmahnung oder eine Ermahnung aussprechen, vom Einzelfall abhängig. Kriterien können dabei sein: die Schwere des Pflichtverstoßes, der Umfang des entstandenen Schadens, die Nachvollziehbarkeit der Rechtfertigung des Mitarbeiters etc. Haben Sie sich entschieden, sich von dem Mitarbeiter zu trennen, ist der Ausspruch einer Ermahnung nicht zielführend. Eine Abmahnung ist grundsätzlich Voraussetzung für den Ausspruch einer verhaltensbedingten Kündigung, nicht die Ermahnung. Wollen Sie hingegen in Zukunft wieder vertrauensvoll mit dem Mitarbeiter zusammenarbeiten, empfiehlt es sich, zunächst eine Ermahnung auszusprechen und gegebenenfalls erst bei einem nächsten Verstoß eine Abmahnung.

Brauche ich immer eine Abmahnung?
Wann ist die Abmahnung entbehrlich?

Eine Abmahnung ist grundsätzlich Voraussetzung für den Ausspruch einer verhaltensbedingten ordentlichen oder außerordentlichen Kündigung. Eine Abmahnung kann jedoch nach der Rechtsprechung des BAG entbehrlich sein, wenn eine Verhaltensänderung des Mitarbeiters in Zukunft selbst nach Abmahnung nicht zu erwarten ist. Eine weitere Möglichkeit ist, dass es sich um eine so schwere Verletzung der Pflichten des Mitarbeiters handelt, dass eine Akzeptanz durch den Arbeitgeber bzw. durch Sie als Führungskraft offensichtlich – auch für den Mitarbeiter erkennbar – ausgeschlossen ist. Ob es einer Abmahnung bedarf bzw. ob diese entbehrlich ist, ist stets im Einzelfall zu prüfen. Dabei sind unter anderem zu berücksichtigen:

- die Art der Pflichtverletzung,
- die Intensität der Pflichtverletzung,
- die Folgen der Pflichtverletzung,
- die Wiederholungsgefahr,
- der Grad des Verschuldens,
- weitere Umstände der Tat (z. B. Heimlichkeit)
- etc.

Die Einschätzung, ob eine Abmahnung entbehrlich ist oder nicht, bereitet selbst Fachanwälten für Arbeitsrecht häufig Schwierigkeiten. Daher kann eine exakte Einzelfallprüfung von Ihnen als Führungskraft nicht erwartet werden – zumal für die Prüfung die Kenntnis einer Vielzahl von Einzelfallentscheidungen der Arbeitsgerichte notwendig ist. In diesen Fällen empfiehlt es sich, Spezialisten hinzuzuziehen. Ebenso zu der Frage, wie viele Abmahnungen im konkreten Einzelfall vor einer Kündigung ausgesprochen werden müssen.

Unter Führungskräften besteht der weitverbreitete Irrglauben, dass eine verhaltensbedingte Kündigung nur ausgesprochen werden kann, wenn zuvor drei Abmahnungen ausgesprochen worden sind. Diese Annahme ist rechtlich falsch.

Bei der Frage der Entbehrlichkeit spielt das Thema der Gleichartigkeit der Pflichtverletzung eine Rolle: Nach der aktuellen Rechtsprechung, ist eine erneute Abmahnung vor

Ausspruch einer Kündigung nur bei **gleichartigen** Wiederholungsfällen nicht notwendig, d.h. entbehrlich. Pflichtverletzungen sind dann gleichartig, wenn sie in einem **inneren Bezug** zu der der Kündigung zugrunde liegenden negativen Zukunftseinschätzung stehen (vgl. BAG vom 16.09.2004 – 2 AZR 406/03).

Beispiel: *Hat Abteilungsleiter A den Mitarbeiter M zweimal wegen Unpünktlichkeit abgemahnt, kann er M nicht kündigen, nachdem dieser einen Kollegen beleidigt hat. Die Beleidigung und die Unpünktlichkeit sind zwar jeweils Fehlverhalten, stehen aber in keinem Zusammenhang („innerer Bezug") miteinander. Ein erneutes Fehlverhalten, das mit dem schon abgemahnten Fehlverhalten in keinem Zusammenhang steht und dem damit die Gleichartigkeit fehlt, führt dazu, dass erneut wegen des Fehlverhaltens abgemahnt werden muss. Im Beispiel muss M wegen des neuen Verstoßes, der Beleidigung, erneut abgemahnt werden. Bei einer weiteren Unpünktlichkeit von M wäre die Gleichartigkeit gegeben, mit der Folge, dass von der Entbehrlichkeit einer weiteren Abmahnung ausgegangen werden kann.*

Vermeiden Sie zahlreiche Abmahnungen aufgrund gleichartiger Pflichtverletzungen

Mehrere Abmahnungen gleichartiger Pflichtverletzungen des Mitarbeiters ohne den Ausspruch einer Kündigung können die Warnfunktion der Abmahnung schwächen. Dann kann bei einem weiteren Vertragsverstoß nicht wirksam gekündigt werden. In diesem Fall muss nach der Rechtsprechung des BAG vom 15.11.2001 – 2 AZR 609/00 die letzte Abmahnung vor Ausspruch einer Kündigung besonders eindringlich gestaltet sein, um dem Arbeitnehmer klarzumachen, dass weitere derartige Pflichtverletzungen nunmehr zum Ausspruch einer Kündigung führen werden. Von daher kann nicht, wie dargestellt, formuliert werden: „*Sollte sich eine derartige oder gleichartige Pflichtverletzung wiederholen, müssen Sie mit weiteren arbeitsrechtlichen Konsequenzen rechnen, bis hin zu einer Kündigung des Arbeitsverhältnisses.*" Vielmehr muss **eindringlich** wie folgt formuliert werden: „*Sollte sich eine derartige oder gleichartige Pflichtverletzung wiederholen, werden wir das mit Ihnen bestehende Arbeitsverhältnis kündigen.*"

Ab wie vielen Abmahnungen von einer Abschwächung der Warnfunktion und damit „Entwertung" einer Abmahnung ausgegangen werden kann, bleibt eine Frage des Einzelfalls. Als Richtschnur für ihre Beantwortung kann die Entscheidung des BAG vom 16.09.2004 – 2 AZR 406/03 dienen: *„Angesichts der im Arbeitsleben verbreiteten Praxis, bei als leichter empfundenen Vertragsverstößen einer Kündigung mehrere – häufig drei – Abmahnungen vorausgehen zu lassen, kann in aller Regel nicht bereits die dritte Abmahnung als ‚entwertet' angesehen werden."*

2.2.3 Respektloses Verhalten – ein Abmahnungsgrund?

Oftmals hört man, dass respektloses Verhalten kein Grund für eine Abmahnung ist bzw. dass das respektlose Verhalten eines Einzelnen nicht greifbar ist und damit nicht abgemahnt werden kann. In diesem Zusammenhang ist eine wenig beachtete Entscheidung des Landesarbeitsgerichts Rheinland-Pfalz vom 23.08.2011 – 3 Sa 150/11 zu erwähnen, welche die Rücksichtnahmepflicht im Arbeitsverhältnis näher beschreibt: „*Das Arbeitsgericht hat zu Recht angenommen, dass es sich um unangemessene und respektlose Äußerungen gegenüber den beiden Meistern handelt, die nicht zu akzeptieren sind. Damit hat der Kläger gegen die ihm nach § 241 Abs. 2 BGB obliegende Rücksichtnahmepflicht verstoßen, die zumindest auch umfasst, dass sich jeder Mitarbeiter gegenüber seinen Arbeitskollegen und insbesondere auch seinen Vorgesetzten mit einem gewissen (Mindest-)Maß an Respekt verhält."*

Respektloses Verhalten ist abmahnungsfähig! Wer nicht ein gewisses (Mindest-)Maß an Respekt im Umgang mit seinen Kollegen und den Vorgesetzten walten lässt, verstößt gegen die jedem Arbeitsverhältnis immanente Rücksichtnahmepflicht. Dieser Pflichtenverstoß ist abmahnungsfähig und kann im wiederholten Fall zur Kündigung führen.

2.2.4 Wie führe ich ein Abmahnungsgespräch?

Zur Wirksamkeit einer Abmahnung bedarf es keines Abmahnungsgesprächs. Sie können also auch dem Mitarbeiter per Post die Abmahnung zustellen. Dennoch empfiehlt es sich, anstelle des kommentarlosen Übersendens eines Abmahnungsschreibens ein Gespräch mit dem Mitarbeiter zu führen. Im Rahmen des Abmahnungsgesprächs wird dem Mitarbeiter sein Fehlverhalten aufgezeigt und ihm mitgeteilt, dass Sie als Führungskraft nicht länger bereit sind, das Fehlverhalten hinzunehmen. Sollte es zu keiner Änderung kommen, muss im Wiederholungsfall mit Konsequenzen, z.B. einer Kündigung, gerechnet werden. Damit es nicht so weit kommt, ist zu empfehlen, Aktivitäten und Maßnahmen in dem Gespräch festzulegen, die das Fehlverhalten beenden, sofern sich der zugrunde liegende Sachverhalt dazu eignet. In dem Abmahnungsgespräch sollten mindestens folgende Inhalte kommuniziert werden:

- die genaue Beschreibung des Fehlverhaltens,
- das zukünftig erwartete Verhalten,
- die eindeutige Schilderung der Konsequenzen, wenn der Arbeitnehmer sein Verhalten nicht ändert.

a) Vorbereitung des Abmahnungsgesprächs

In Vorbereitung auf das Gespräch sind folgende Fragen so konkret wie möglich zu klären:

- Was genau ist der Sachverhalt?
- Welche Auswirkungen hatte das Fehlverhalten?
- Gibt es eine Vorgeschichte? Wenn ja, welche?
- Welche Gründe machen die Abmahnung zum jetzigen Zeitpunkt unumgänglich?
- Wen muss man im Vorfeld des Gesprächs oder für die Durchführung des Gesprächs miteinbeziehen (z. B. Personalabteilung, nächsthöherer Vorgesetzter)?
- Wie könnte der Mitarbeiter reagieren?

b) Gesprächsstruktur

Tabelle 1 zeigt die mögliche Struktur eines Abmahnungsgesprächs.

Ziel des Schritts	Themen
Einstieg	
Anlass, Ziel und Rahmen klären	• den Mitarbeiter begrüßen • falls ein weiterer Gesprächspartner (z.B. aus der Personalabteilung) anwesend ist, diesen vorstellen und dessen Anwesenheit begründen • den Grund der Unterredung nennen • benötigte Gesprächsdauer mitteilen

Ziel des Schritts	Themen
Ausspruch der Abmahnung	
Gründe für die Abmahnung erläutern (Hinweisfunktion)	• das zu beanstandende Fehlverhalten konkret beschreiben
Erwartungshaltung klären (Ermahnungsfunktion) und Konsequenzen aufzeigen (Warnfunktion)	• Mitteilung, welches Verhalten man sich zukünftig erwartet • Konsequenzen für den Fall, dass sich das Verhalten des Mitarbeiters nicht ändert
Sichtweise des Mitarbeiters einholen	• Mitarbeiter seine Sichtweise darlegen lassen • Mitarbeiter die Chance geben, mögliche Ursachen, die nicht in seiner Verantwortung lagen, vorzubringen
gegebenenfalls Festlegen von Vereinbarungen	
Aktivitäten und Maßnahmen festlegen	• Aktivitäten, die der Mitarbeiter und/oder die Führungskraft unternehmen, um eine Änderung zu erzielen, besprechen und (falls notwendig) vereinbaren
gegebenenfalls Ausblick/Review	
nächste Schritte	• Folgetermin vereinbaren, um die Umsetzung der Aktivitäten zu überprüfen
Gesprächsabschluss	
Ergebnissicherung	• Gesprächsergebnisse und gegebenenfalls Vereinbarungen zusammenfassen
betriebliches Verfahren erläutern	• darauf hinweisen, dass die Abmahnung und das Gesprächsprotokoll in die Personalakte kommen • dem Mitarbeiter die Abmahnung schriftlich übergeben und den Zugang dokumentieren

Tab. 1: *Mögliche Struktur eines Abmahnungsgesprächs*

2.2.5 Umgang mit Reaktionen des Mitarbeiters

Damit Sie für das Abmahnungsgespräch gut vorbereitet sind, zeigen wir im Folgenden typische Reaktionen von Mitarbeitern auf und geben Empfehlungen für den Umgang damit.

„Das stimmt doch alles nicht. Der Sachverhalt war völlig anders"

Sollte Ihnen der Mitarbeiter beim Ausspruch der Abmahnung eine völlig andere Sachverhaltsvariante erzählen, bleiben Sie gelassen und lassen Sie sich von Ihrem Vorhaben, eine Abmahnung auszusprechen, nicht abbringen.

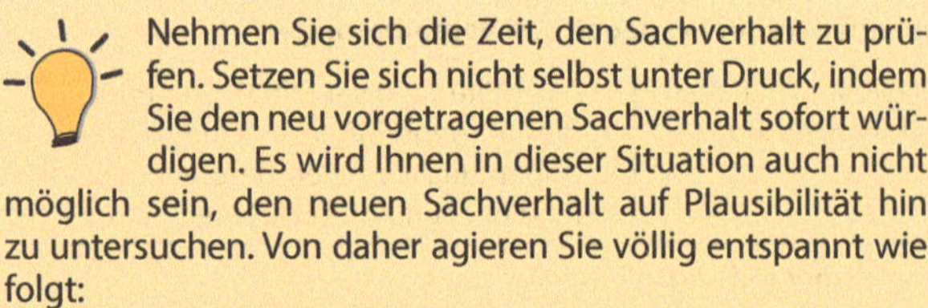

Nehmen Sie sich die Zeit, den Sachverhalt zu prüfen. Setzen Sie sich nicht selbst unter Druck, indem Sie den neu vorgetragenen Sachverhalt sofort würdigen. Es wird Ihnen in dieser Situation auch nicht möglich sein, den neuen Sachverhalt auf Plausibilität hin zu untersuchen. Von daher agieren Sie völlig entspannt wie folgt:

- Weisen Sie den Mitarbeiter darauf hin, dass es sein Recht ist, eine Gegendarstellung zur Abmahnung zu entwerfen, welche der Arbeitgeber zur Personalakte nimmt. Gemäß § 83 Abs. 2 BetrVG sind Erklärungen des Arbeitnehmers auf sein Verlangen hin der Personalakte beizufügen. In der Gegendarstellung soll der Arbeitnehmer sämtliche Einwendungen (sowohl den Sachverhalt als auch das Rechtliche betreffend) gegen die Abmahnung darstellen. Weisen Sie auch darauf hin, dass Sie die neuen Sachverhalte prüfen werden und Sie Rückmeldung innerhalb einer bestimmten Frist geben werden.
- Nach Erhalt der Gegendarstellung prüfen Sie in aller Ruhe, ob sich aufgrund der Einwendungen eine andere Bewertung ergibt und unter Umständen z. B. die Abmahnung aus

der Personalakte zu entfernen ist. An dieser Stelle ist deutlich zu sagen, dass sich kein Führungsverantwortlicher und keine Personalabteilung einen „Zacken aus der Krone bricht", wenn aufgrund neuer Erkenntnisse eine Abmahnung aus der Personalakte entfernt wird. Den Ausgang Ihrer Prüfung teilen Sie dem Mitarbeiter schriftlich mit.

„Das stimmt, aber ich kann nichts dafür!"

Oft wird das Fehlverhalten nicht bestritten. Vielmehr wird argumentiert, dass Umstände, auf die der Mitarbeiter keinen Einfluss hatte, dafür verantwortlich waren, beispielsweise: *„Es ist richtig, dass ich erneut zu spät zum Dienst gekommen bin. Aber die U-Bahn ist aufgrund eines Rettungswageneinsatzes ausgefallen. Da kann ich doch nichts dafür!"* Nach der Rechtsprechung des BAG vom 11. 12. 2001 – 9 AZR 464/00 kommt es jedoch nicht darauf an, ob das Fehlverhalten dem Arbeitnehmer subjektiv vorgeworfen werden kann. Es reicht aus, wenn sein Fehlverhalten einen objektiven Verstoß darstellt. Das BAG begründet dies mit dem fehlenden Strafcharakter der Abmahnung. Die Abmahnung diene „lediglich" dazu, Hinweis-, Ermahn- und Warnfunktion auszuüben.

Nutzen Sie das Kriterium der sogenannten „subjektiven Vorwerfbarkeit", um im konkreten Einzelfall zu entscheiden, ob eine Abmahnung oder bloß eine Ermahnung ausgesprochen wird – oder ganz darauf verzichtet wird, das Fehlverhalten zu ahnden (beispielsweise, wenn der Grund für die Unpünktlichkeit ein Un fall war, in den der Mitarbeiter auf dem Weg zur Arbeit verwickelt war). Auch hier zeigt sich, wie wichtig es sein kann, den Betroffenen vor Ausspruch der Abmahnung anzuhören.

„Wenn Sie mich abmahnen, dann müssen Sie auch Herrn X und Frau Y abmahnen"

Wenn ein Mitarbeiter versucht, von sich abzulenken, gehen Sie nicht darauf ein. Weisen Sie den Mitarbeiter darauf hin, dass es in dem Gespräch nicht um Frau Y und Herrn X geht, sondern ausschließlich um ihn. Trotzdem stellt sich hier die Frage, ob es für Sie als Führungskraft sinnvoll ist, wenn Sie einen Mitarbeiter abmahnen und zwei andere, die das gleiche Fehlverhalten begangen haben, nicht. Erscheint Ihr Verhalten willkürlich („Nasenprinzip"), wird das Einfluss auf die anderen Kollegen haben und Ihrer Akzeptanz als Führungskraft schaden.

Zudem besteht das rechtliche Risiko, dass ein Arbeitsgericht die Abmahnung aufgrund des Verstoßes gegen Treu und Glauben als unzulässig ansieht (vgl. § 242 BGB). Es ist in sich widersprüchlich, wenn Sie als Führungskraft bei zwei völlig identischen Sachverhalten gegenüber A eine Abmahnung aussprechen und gegenüber X und Y nicht. Wenn Sie alle drei beim Rauchen erwischen und alle drei entgegen der Anweisung nicht ausgestempelt haben, dann können Sie sich darauf beschränken, nur A abzumahnen. Vor Gericht wird diese Abmahnung aber höchstwahrscheinlich keinen Bestand haben, sofern sich A damit verteidigt, dass gegenüber X und Y keine Abmahnung ausgesprochen worden ist, es sei denn, Sie haben für die Ungleichbehandlung einen sachlichen Grund, der die Differenzierung rechtfertigt (z.B. A wurde schon zweimal ermahnt wegen Nichtausstempelns beim Rauchen. X und Y sind hingegen zum ersten Mal aufgefallen, sodass es bei ihnen zunächst bei einer Ermahnung bleiben kann).

Emotionale Reaktionen – Tränen, Wutausbruch etc.

Emotionale Reaktionen, vom Wutausbruch des Mitarbeiters bis hin zu Tränen, können Sie nicht vermeiden. Seien Sie auf die unterschiedlichen Reaktionen vorbereitet, dann trifft es Sie nicht unerwartet. Bleiben Sie gelassen und lassen Sie sich nicht aus dem Konzept bringen. Mögliche Reaktionen Ihrerseits können sein:

- Sie bieten an, das Gespräch zu unterbrechen, bis sich der Mitarbeiter wieder beruhigt hat. Lassen Sie den Mitarbeiter gegebenenfalls kurz allein, damit er sich wieder sammeln kann.
- Für den Fall eines Wutausbruchs sollten Sie sich mit einer Formulierung vorbereiten, die besagt, dass das Gespräch gerne fortgeführt werden kann, aber nur in einem sachlichen Ton. Andernfalls brechen Sie das Gespräch ab.
- Sie bieten an, das Gespräch am nächsten Tag fortzuführen.
- Sie motivieren den Mitarbeiter mit einem Blick in die Zukunft und stellen klar, dass er nichts zu befürchten hat, sofern er sein Fehlverhalten abstellt.
- Geben Sie Ihrem Gegenüber ausreichend Zeit im Gespräch.

„Wir sehen uns vor dem Arbeitsgericht"

Diese Information nehmen Sie ebenfalls gelassen zur Kenntnis. Oft ist es eine Drohung mit dem Ziel, Sie einzuschüchtern und von Ihrem Vorhaben abzubringen. Einem Arbeitnehmer steht es frei, sich gegen die Abmahnung zur Wehr zu setzen und eine Klage beim Arbeitsgericht einzureichen mit dem Ziel, den Arbeitgeber zu verpflichten, die zu Unrecht erteilte Abmahnung aus der Personalakte zu entfernen.

Das Arbeitsgericht prüft im Rahmen dieses Verfahrens, ob die Abmahnung ordnungsgemäß zustande gekommen ist, die Tatsachenbehauptungen richtig sind, der Grundsatz der Verhältnismäßigkeit gewahrt wurde und der Arbeitgeber ein schutzwürdiges Interesse daran hat, die Abmahnung in der Personalakte zu belassen. Ist das alles der Fall, hat die Abmahnung Bestand.

Oftmals geht es im Rahmen des arbeitsgerichtlichen Verfahrens nicht nur um die Abmahnung, sondern auch um den Einstieg in Trennungsgespräche. Hier können Sie sich entspannt zurücklehnen. In der Regel werden ein Vertreter der Personalabteilung und/oder ein Rechtsanwalt Ihres Arbeitgebers anwesend sein. Der erfahrene Arbeitsrichter wird regelmäßig unterschiedliche Einigungsvorschläge bis hin zu einer einvernehmlichen Beendigung des Arbeitsverhältnisses unterbreiten. Von daher empfiehlt es sich, vor Terminen vor dem Arbeitsgericht alle denkbaren Optionen einmal durchzuspielen. Dann sind Sie für jede Entwicklung vorbereitet.

3 Kündigung, allgemein

Fallbeispiel: *Abteilungsleiter A ist sich sicher, dass eine weitere Zusammenarbeit mit seinem Mitarbeiter M nicht mehr tragbar ist. A erwägt den Ausspruch einer Kündigung gegenüber M. Zusammen mit einem Vertreter der Personalabteilung überlegt er, mit welcher Argumentation eine Kündigung gegenüber M ausgesprochen werden kann. Zunächst erklärt ihm der Mitarbeiter der Personalabteilung allgemeine arbeitsrechtliche Grundsätze für den Ausspruch einer Kündigung und den Kündigungsschutz.*

3.1 Rechtliche Grundlagen

Das Kündigungsschutzgesetz unterscheidet zwischen der verhaltensbedingten, der personenbedingten und der betriebsbedingten Kündigung. Die in diesem Kapitel beschriebenen rechtlichen Grundlagen gelten für **alle** Kündigungsarten.

3.1.1 Form und Inhalt

Schriftform der Kündigung (§ 623 BGB)

Gemäß § 623 BGB bedarf die Beendigung eines Arbeitsverhältnisses durch Kündigung oder Auflösungsvertrag zu ihrer Wirksamkeit der **Schriftform.** Die elektronische Form ist ausgeschlossen. Schriftform bedeutet, dass die Erklärung (Kündigung oder Auflösungsvertrag) schriftlich niederzulegen ist und eigenhändig durch Namensunterschrift im Original zu unterschreiben ist. Eine eingescannte Unterschrift auf dem Kündigungsschreiben genügt nicht!

Kündigungen per SMS, E-Mail (auch mit qualifizierter elektronischer Signatur), WhatsApp etc. sind unwirksam. Auch eine Kündigung per Telefax genügt nicht der geforderten Schriftform, da durch das Telefax lediglich eine Kopie des im Original unterzeichneten Schreibens übermittelt wird. Aus dem Gesagten folgert zwangsläufig, dass auch der mündliche Ausspruch einer Kündigung *„Du bist gekündigt!"* unwirksam ist.

Musterbeispiel eines Kündigungsschreibens

In dem Kündigungsschreiben muss der Wille zur Beendigung des Beschäftigungsverhältnisses zum Ausdruck kommen. Das Wort „Kündigung" muss dabei nicht zwingend genutzt werden. Für den Mitarbeiter muss jedoch klar sein bzw. durch Auslegung zu ermitteln sein, dass das Beschäftigungsverhältnis enden soll. Auch wenn das Wort „Kündigung" nicht zwingend verwendet werden muss, ist vor dem Hintergrund zur Vermeidung späterer Streitigkeiten dringend zu empfehlen, das Kündigungsschreiben derart deutlich zu formulieren, dass der Beendigungswille eindeutig zum Ausdruck kommt.

Eine **Musterformulierung** des Kündigungsschreibens kann beispielhaft wie folgt lauten:

„Kündigung des Arbeitsverhältnisses
Sehr geehrter Herr M,
hiermit kündigen wir das zwischen der XX GmbH und Ihnen bestehende Arbeitsverhältnis fristgemäß unter Einhaltung der vertraglich vereinbarten Kündigungsfrist zum nächstzulässigen Termin, das ist unserer Berechnung nach der 31. 05. 2018, hilfsweise zum nächstzulässigen Termin.

Vorsorglich weisen wir Sie darauf hin, dass Sie sich gemäß § 38 Abs. 1 SGB III spätestens drei Monate vor der Beendigung des Arbeitsverhältnisses persönlich bei der Agentur für Arbeit arbeitssuchend zu melden haben. Liegen zwischen der Kenntnis des Beendigungszeitpunktes und der Beendigung des Arbeitsverhältnisses weniger als drei Monate, hat die Meldung innerhalb von drei Tagen nach Kenntnis des Beendigungszeitpunktes zu erfolgen.
Mit freundlichen Grüßen
Geschäftsführer"

Grundsätzlich besteht keine Pflicht, den Kündigungsgrund in dem Kündigungsschreiben anzugeben. Von diesem Grundsatz sind unter anderem folgende Ausnahmen zu beachten:

- Die Angabe des Grundes ist erforderlich bei dem Ausspruch einer Kündigung gegenüber einem Auszubildenden nach Ablauf der Probezeit (vgl. § 22 Abs. 3 BBiG) und schwangeren Mitarbeiterinnen (vgl. § 9 Abs. 3 Satz 2 MuSchG).
- Darüber hinaus kann sich eine Pflicht zur Angabe des Grundes z. B. aus dem Tarifvertrag, einer Betriebsvereinbarung oder dem Arbeitsvertrag ergeben. Informieren Sie sich in der Personalabteilung, was konkret in Ihrem Unternehmen gilt.

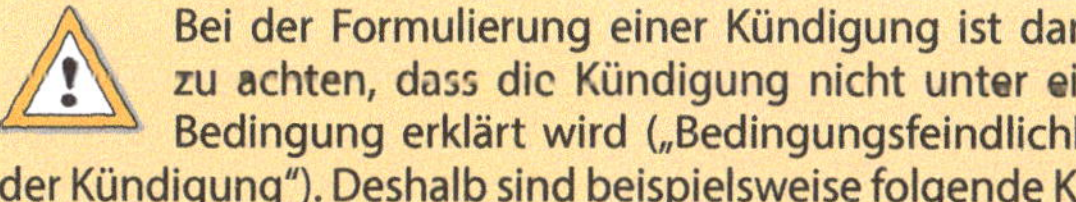

Bei der Formulierung einer Kündigung ist darauf zu achten, dass die Kündigung nicht unter einer Bedingung erklärt wird („Bedingungsfeindlichkeit der Kündigung"). Deshalb sind beispielsweise folgende Kündigungen unwirksam:

- *„... hiermit kündigen wir das zwischen der XX GmbH und Ihnen bestehende Arbeitsverhältnis für den Fall, dass der Auftrag des Unternehmens YY nicht um ein weiteres Jahr verlängert wird."*
- *„... hiermit kündigen wir das zwischen der XX GmbH und Ihnen bestehende Arbeitsverhältnis für den Fall, dass Sie keine deutliche Leistungssteigerung bis Ende der Woche zeigen."*

Unterschrift des Kündigungsberechtigten

Das Kündigungsschreiben ist im Original von einem Kündigungsberechtigten zu unterzeichnen. Dies sind in jedem Fall einzelvertretungsberechtigte Geschäftsführer und Prokuristen. Wer bei Ihnen noch berechtigt ist, einzeln oder gemeinsam mit jemand anderem eine Kündigung zu unterzeichnen, bringen Sie bitte in der Rechts- bzw. Personalabteilung in Erfahrung. Ebenso ob der Leiter Personal Ihres Unternehmens aufgrund öffentlicher Bekanntmachung berechtigt ist, Kündigungen auszusprechen. Die alleinige Tatsache, dass Sie Vorgesetzter des zu kündigenden Arbeitnehmers sind, rechtfertigt **nicht**, dass Sie eine Kündigung unterzeichnen können!

Wird von einem Nichtvertretungsberechtigten die Kündigung unterzeichnet, kann die Kündigung vom Arbeitnehmer gemäß § 174 BGB zurückgewiesen werden. Das hat zur Folge, dass die Kündigung unwirksam ist.

Der Arbeitgeber kann Sie zum Ausspruch einer Kündigung bevollmächtigen. Dazu ist der Kündigung eine Vollmachtsurkunde im Original (Wichtig: nicht in Kopie!) beizulegen, aus welcher hervorgeht, dass Sie als Führungskraft zum Ausspruch der Kündigung für den konkreten Einzelfall bevollmächtigt sind.

Kündigungsfristen

Bei der fristgemäßen ordentlichen Kündigung hat der Arbeitgeber die Kündigungsfrist jeweils individuell zu berechnen. Die Feststellung und die Berechnung von Kündigungsfristen stellen Führungskräfte und Personalabteilungen immer wieder vor eine Herausforderung. Grundlagenwissen für Führungskräfte ist auch in diesem Bereich empfehlenswert.

a) Feststellung der Kündigungsfrist

Zunächst ist die korrekte Kündigungsfrist zu bestimmen. Ausgangspunkt dafür ist grundsätzlich der zwischen den Parteien vereinbarte Arbeitsvertrag. Häufig ist dort explizit eine Kündigungsfrist vereinbart oder zumindest ein Verweis auf einen Tarifvertrag enthalten, aus dem sich die Kündigungsfrist ergibt. Enthält der Arbeitsvertrag keine Regelung und keinen Verweis auf ein weitergehendes Regelungswerk (z. B. einen Tarifvertrag), gilt die gesetzliche Regelung des § 622 BGB.

§ 622 Abs. 1 BGB sieht in den ersten zwei Jahren des Arbeitsverhältnisses eine Kündigungsfrist von vier Wochen zum 15. oder zum Ende eines Kalendermonats vor. Nach zweijährigem Arbeitsverhältnis sieht das Gesetz **für den Arbeitgeber** entsprechend der Betriebszugehörigkeit gestaffelte Kündigungsfristen vor. Erkundigen Sie sich nach den gängigen vertraglichen bzw. tariflichen Kündigungsfristen in Ihrem Unternehmen.

Der aufmerksame Leser des Gesetzestextes findet in § 622 Abs. 2 Satz 2 BGB folgende Formulierung: *„Bei der Berechnung der Beschäftigungsdauer werden Zeiten, die vor der Vollendung des 25. Lebensjahrs des Arbeitnehmers liegen, nicht berücksichtigt."*
Der Europäische Gerichtshof hat in seiner Entscheidung vom 19.01.2010 - C - 555/07 festgestellt, dass diese Vorschrift wegen Verstoßes gegen das Verbot der Ungleichbehandlung aufgrund des Alters unwirksam ist. Damit ist diese Vorschrift gedanklich bei der Feststellung der Kündigungsfrist zu streichen - obwohl sie sich noch im Gesetzestext befindet! Damit sind sämtliche vor dem 25. Lebensjahr absolvierten Beschäftigungszeiten (inklusive der Ausbildungszeiten - sofern alle bei dem gleichen Arbeitgeber erbracht wurden) bei der Berechnung zu berücksichtigen.

Besonderheiten im Hinblick auf die Kündigungsfrist können sich durch die **Vereinbarung einer Probezeit** ergeben. Nach § 622 Abs. 3 BGB gilt: „*Während einer vereinbarten Probezeit, längstens für die Dauer von sechs Monaten, kann das Arbeitsverhältnis mit einer Frist von zwei Wochen gekündigt werden.*"

b) Berechnung der Kündigungsfrist

Die Berechnung der Kündigungsfrist wird exemplarisch an drei Beispielen dargestellt:

Beispiel 1 – gesetzliche Kündigungsfrist: *M ist seit 01.01.2010 beschäftigt. Abteilungsleiter A plant die Übergabe der Kündigung am 10.11.2017. Zu diesem Zeitpunkt ist M über sieben Jahre für das Unternehmen tätig. Laut Arbeitsvertrag gelten die gesetzlichen Kündigungsfristen (vgl. § 622 Abs. 2 BGB). Da das Arbeitsverhältnis fünf Jahre bestanden hat (die nächste Stufe wird laut Gesetz ab acht Jahren erreicht), sind das zwei Monate zum Ende eines Kalendermonats. Korrekte Kündigungsfrist in diesem Fall ist der 31.01.2018.*

Für die Berechnung der Kündigungsfrist ist der Zeitpunkt des Ausspruchs der Kündigung maßgeblich. Auch wenn M zum Beendigungszeitpunkt, dem 31.01.2018, bereits eine achtjährige Betriebszugehörigkeit hat (gemäß § 622 Abs. 2 BGB gilt dann eine Kündigungsfrist von drei Monaten zum Monatsende), kommt es ausschließlich auf den Zeitpunkt des Ausspruchs der Kündigung, also den 10.11.2017, an. Zwei „volle" Kalendermonate zum Monatsende ab dem 10.11.2017 ergeben den 31.01.2018.

Beispiel 2 – Kollision von vertraglicher und gesetzlicher Kündigungsfrist: *M ist seit 01.01.2010 beschäftigt. Abteilungsleiter A plant die Übergabe der Kündigung am 10.11.2017. Zu diesem Zeitpunkt ist M über sieben Jahre für das Unternehmen tätig. Laut Arbeitsvertrag gilt eine Kündigungsfrist von sechs Wochen zum Quartalsende. Nächstes Quartalsende ist der 31.12.2017. Zwischen Ausspruch der Kündigung am 10.11.2017 und dem Quartalsende, dem 31.12.2017, sind noch mehr als „volle" sechs Wochen, sodass rein rechnerisch die richtige Kündigungsfrist der 31.12.2017 ist.*

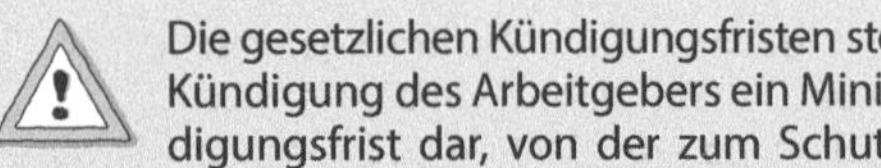

Die gesetzlichen Kündigungsfristen stellen bei einer Kündigung des Arbeitgebers ein Minimum an Kündigungsfrist dar, von der zum Schutz des Arbeitnehmers nicht abgewichen werden darf. Das Ergebnis von Beispiel 2 ist deshalb nicht korrekt. Laut Gesetz (§ 622 Abs. 2 BGB) hat M aufgrund seiner mehr als fünfjährigen Betriebszugehörigkeit eine Kündigungsfrist von zwei Monaten zum Monatsende, also bis zum 31.01.2018. Da die vertragliche Kündigungsfrist in Beispiel 2 kürzer ist als die gesetzliche Kündigungsfrist, gilt für den Arbeitnehmer die „längere" gesetzliche Kündigungsfrist. Daher ist die richtige Kündigungsfrist in Beispiel 2 der 31.01.2018.

***Beispiel* 3 – Probezeitkündigung:** *M ist seit dem 01.01.2017 im Unternehmen beschäftigt. A hat sich entschieden, das Arbeitsverhältnis in der Probezeit zu beenden. Innerhalb der vertraglich vereinbarten Probezeit von sechs Monaten ist eine Kündigungsfrist von zwei Wochen vereinbart. A übergibt die Kündigung am 29.06.2017. Die Kündigungsfrist läuft damit am 13.07.2017 ab.*

Die Kündigung muss lediglich innerhalb der Probezeit ausgesprochen werden, also spätestens bis 30.06.2017 dem M zugehen. Die Tatsache, dass der Beendigungszeitpunkt nach Ablauf der Probezeit liegt (am 13.07.2017), spielt keine Rolle. Ein häufiger Denkfehler auch in Personalabteilungen ist, dass man nur zum Ende der Probezeit, also hier zum 30.06.2017 kündigen kann und dies rechtzeitig, also zwei Wochen davor tun muss. Diese Annahme ist nicht korrekt. Sie können bis zum letzten Tag der Probezeit handeln, sofern Sie am letzten Tag den Zugang der Kündigung sicherstellen.

Achten Sie darauf, dass alle vier Jahre der 29.02.2017 existiert, und berücksichtigen Sie das bei der Berechnung der Kündigungsfrist. Zudem kommt es immer mal wieder vor, dass Arbeitgeber falsche Beendigungsdaten im Kündigungsschreiben mitteilen. Den 31.4., 31.6., 31.9. und 31.11. gibt es nicht!

3.1.2 Beteiligung des Betriebsrats

Existiert im Unternehmen ein Betriebsrat, ist dieser gemäß § 102 Abs. 1 BetrVG vor jedem Ausspruch einer Kündigung (also auch der Probezeitkündigung) anzuhören. Der Arbeitgeber bzw. ein Vertreter hat ihm die Gründe für die Kündigung mitzuteilen. Eine ohne Anhörung des Betriebsrats ausgesprochene Kündigung ist unwirksam.

Für die Anhörung des Betriebsrats ist bei einer ordentlichen Kündigung **eine Woche einzuplanen**. Gemäß § 102 Abs. 2 Satz 1 und 2 BetrVG gilt: „*Hat der Betriebsrat gegen eine ordentliche Kündigung Bedenken, so hat er diese unter Angabe der Gründe dem Arbeitgeber spätestens innerhalb einer Woche mitzuteilen. Äußert er sich innerhalb dieser Frist nicht, gilt seine Zustimmung zur Kündigung als erteilt.*“

Bei einer fristlosen Kündigung verkürzt das Gesetz diese Frist auf drei Tage: „*Hat der Betriebsrat gegen eine außerordentliche Kündigung Bedenken, so hat er diese unter Angabe der Gründe dem Arbeitgeber, unverzüglich, spätestens jedoch innerhalb von drei Tagen, schriftlich mitzuteilen (vgl. § 102 Abs. 2 Satz 3 BetrVG).*“

Bedenken des Betriebsrats bzw. dessen Widerspruch hindern den Arbeitgeber nicht daran, die Kündigung auszusprechen! In der Praxis muss man sich darauf einstellen, dass der Betriebsrat häufig keine Stellungnahme abgeben wird und die Wochenfrist bzw. die Drei-Tages-Frist bei einer fristlosen Kündigung verstreichen lässt. Dann tritt die gesetzliche Fiktion ein und die Zustimmung zur Kündigung gilt als erteilt. Von daher müssen Sie als Führungskraft den zeitlichen Rahmen von einer Woche bzw. drei Tagen bei Ihren Planungen berücksichtigen.

Neben der fehlenden Betriebsratsanhörung führt auch eine inhaltlich fehlerhafte Betriebsratsanhörung zur Unwirksamkeit der Kündigung. Hier müssen Sie sich auf die Personalabteilung verlassen, die, gegebenenfalls in Zusammenarbeit mit einem Rechtsanwalt, dafür verantwortlich ist, eine ordnungsgemäße Betriebsratsanhörung zu entwerfen und das entsprechende Anhörungsverfahren einzuleiten. Dem Betriebsrat sind die aus Arbeitgebersicht maßgebenden tragenden Gründe für die Kündigung mitzuteilen. Ihre Aufgabe wird es sein, die Personalabteilung mit allen dazu notwendigen Informationen zu versorgen.

3.1.3 Allgemeiner und Besonderer Kündigungsschutz

Allgemeiner Kündigungsschutz

Den allgemeinen Kündigungsschutz definiert das Kündigungsschutzgesetz (KSchG). Er findet Anwendung, sofern folgende zwei Voraussetzungen vorliegen:

- **Betrieblicher Geltungsbereich:** Der allgemeine Kündigungsschutz findet Anwendung, sofern zum Zeitpunkt des

Zugangs der Kündigung in dem Betrieb in der Regel mehr als zehn Arbeitnehmer (ohne Auszubildende, aber einschließlich der zu kündigenden Person, auch wenn die Stelle nicht mehr nachbesetzt wird) beschäftigt sind (vgl. § 23 Abs. 1 KSchG). Für Arbeitnehmer, die bereits vor dem 31.12.2003 beschäftigt waren, gilt der Kündigungsschutz, wenn zum Zeitpunkt des Zugangs der Kündigung in dem Betrieb mehr als fünf Arbeitnehmer beschäftigt sind, die bereits vor dem 31.12.2003 dort gearbeitet haben und noch im Betrieb tätig sind.

- **Persönlicher Geltungsbereich:** Der allgemeine Kündigungsschutz für den Mitarbeiter besteht gemäß § 1 Abs. 1 KSchG, wenn das Arbeitsverhältnis zum Zeitpunkt des Zugangs der Kündigung länger als sechs Monate bestanden hat **(Wartefrist).**

Sofern diese Voraussetzungen vorliegen, muss zwingend ein Kündigungsgrund im Sinne des Kündigungsschutzgesetzes existieren. Eine Kündigung **ohne** Kündigungsgrund ist sozial ungerechtfertigt und damit rechtsunwirksam. Das Kündigungsschutzgesetz unterscheidet je nach Kündigungsgrund die personenbedingte Kündigung, die verhaltensbedingte Kündigung und die betriebsbedingte Kündigung.

Vor diesem Hintergrund bekommt die Entscheidung, ob man einen Mitarbeiter über die sechsmonatige Wartefrist hinaus beschäftigt, eine besondere Bedeutung. Denn innerhalb der Wartefrist von sechs Monaten bedarf es keines Kündigungsgrundes. Von daher ist dringend zu empfehlen: Treffen Sie eine bewusste und ernsthafte Entscheidung vor dem Ablauf der Wartefrist! Der Mitarbeiter verfügt zwar auch innerhalb der Wartefrist über einen Kündigungsschutz nach §§ 138, 242 BGB. Die Kündigung darf nach diesen Generalklauseln nicht treuewidrig sein, d. h. unter anderem nicht auf willkürlichen oder sachfremden Motiven beruhen. Machen Sie sich nicht angreifbar, indem Sie im Probezeitkündigungsgespräch vollkommen „an den Haaren herbeigezogene" Gründe liefern. Es empfiehlt sich, dann eher zu schweigen bzw. sachlich fundierte und belegbare Gründe und Beispiele in Bezug auf die Arbeitsleistung oder fehlendes Vertrauen in den Vordergrund zu stellen.

Verwechseln Sie die Probezeit (die auch im Umfang von sechs Monaten vereinbart werden kann) nicht mit der Wartefrist nach § 1 Abs. 1 KSchG – auch wenn es naturgemäß identische Zeiträume, also die ersten sechs Monate des Arbeitsverhältnisses, sind. Innerhalb der Probezeit kann eine kürzere Kündigungsfrist vereinbart werden (in der Regel zwei Wochen, vgl. § 622 Abs. 3 BGB). Folge des Ablaufs der Wartefrist ist, dass zwingend der allgemeine Kündigungsschutz gilt. Diese Unterscheidung ist bei einer in der Praxis von Führungskräften oft geforderten Verlängerung der Probezeit bei einzelnen Arbeitnehmern bedeutend. Eine einvernehmliche Verlängerung der Probezeit zwischen Arbeitnehmer und Arbeitgeber ist möglich. Die Verlängerung der Probezeit bedeutet nicht, dass sich auch entsprechend die Wartefrist verlängert. Das heißt: Sie können zwar die Probezeit über sechs Monate hinaus einvernehmlich verlängern, aber dennoch wird dann der allgemeine Kündigungsschutz gelten, und Sie können keine Kündigung mehr ohne Kündigungsgrund aussprechen.

Besonderer Kündigungsschutz

Bestimmte Arbeitnehmer genießen einen besonderen, unterschiedlich ausgeprägten, gesetzlichen Kündigungsschutz. Als Führungskraft ist es erforderlich, dass Sie wissen, wann konkret ein besonderer Kündigungsschutz existiert, um nicht falsch zu handeln und entsprechend schon im Vorfeld die richtigen Stellen „mit ins Boot zu holen“ bzw. die richtigen Weichen zu stellen. Die wichtigsten Personengruppen sind:

- schwerbehinderte Arbeitnehmer (vgl. §§ 85, 90 SGB IX),
- schwangere Mitarbeiterinnen (vgl. § 9 MuSchG),
- Arbeitnehmer/innen in Elternzeit (vgl. § 18 BEEG),
- Betriebsratsmitglieder (vgl. § 103 BetrVG),
- Auszubildende (vgl. § 22 BBiG).

3.1.4 Zugang der Kündigung

Die schriftliche Kündigungserklärung entfaltet erst dann ihre Wirksamkeit, wenn sie dem Arbeitnehmer zugeht. Die Sicherstellung eines rechtzeitigen Zugangs (insbesondere zum Einhalten von Kündigungsfristen oder Kündigungserklärungsfristen) ist von maßgeblicher Bedeutung. Grundsätzlich ist dies Aufgabe der Personalabteilung. Es ist jedoch hilfreich und empfehlenswert, dass Sie als Führungskraft zumindest Grundlagenwissen im Hinblick auf den Zugang besitzen, da es zu Ausnahmesituationen kommen kann, in denen schnell gehandelt werden muss, und von der Personalabteilung niemand greifbar ist.

Den ordnungsgemäßen Zugang stellen Sie entweder durch die persönliche Übergabe oder auf postalischem Wege wie folgt sicher:

- Sofern sich der Mitarbeiter im Betrieb aufhält, ist die **persönliche Übergabe** des Kündigungsschreibens im Beisein eines Zeugen mit anschließender Dokumentation (Datum, Uhrzeit, anwesende Personen) empfehlenswert.

- Hält sich der Mitarbeiter nicht im Betrieb auf, stellen Sie den rechtssicheren Zugang wie folgt sicher: Das im Original unterschriebene Kündigungsschreiben ist unter Hinzuziehen eines Zeugen in ein Kuvert „einzutüten". Dadurch führen Sie den Nachweis, dass sich auch tatsächlich das Kündigungsschreiben in dem Kuvert befindet. Der gekündigte Mitarbeiter kann damit nicht mehr behaupten, dass er zwar Post vom Arbeitgeber bekommen hat, sich aber in dem Kuvert ein anderes Schreiben befunden hat. Dieses Schreiben ist dann unter Begleitung des gleichen Zeugen bei der Post als **Einwurf-Einschreiben** aufzugeben. Den Nachweis des Zugangs führen Sie dabei über den von der Post zur Verfügung gestellten Sendungsverlauf, aus welchem man ersehen kann, wann der Brief eingeworfen worden ist. Eine andere Möglichkeit (insbesondere um sich die Postlaufzeit zu ersparen) ist die Beauftragung eines Mitarbeiters, als Bote zu fungieren, der das Schreiben in den Briefkasten des zu kündigenden Mitarbeiters einwirft – wiederum unter entsprechender Dokumentation (Foto vom Einwurf in den Briefkasten). Aus Beweisgründen ist ebenfalls zu empfehlen, dass der Bote beim „Eintüten" des Schreibens dabei ist.

Verwenden Sie kein Einschreiben mit Rückschein! Wenn der Postbote den Mitarbeiter nicht antrifft, dann wird das Schreiben bei der Post hinterlegt. Holt es der Mitarbeiter nicht ab, dann geht es nicht zu!

Nach der Rechtsprechung ist von einem Zugang des Kündigungsschreibens auszugehen, wenn die Erklärung so in den Machtbereich des Mitarbeiters gelangt, dass er unter gewöhnlichen Umständen die Möglichkeit hat, von ihrem Inhalt

Kenntnis zu nehmen. Maßgeblich ist dabei die **theoretische** Möglichkeit der Kenntnisnahme, nicht ob der Arbeitnehmer tatsächlich Kenntnis erlangt. Es ist damit auch von einem Zugang auszugehen, wenn sich der Arbeitnehmer in seinem Sommerurlaub befindet und aufgrund der Abwesenheit den Briefkasten nicht leeren kann.

Mit dem Zugang ist nicht immer am gleichen Tag zu rechnen! Beauftragen Sie einen Mitarbeiter, am Abend gegen 18.00 Uhr ein Kündigungsschreiben einzuwerfen, dann können Sie erst mit dem Zugang am nächsten Werktag rechnen, wenn unter gewöhnlichen Umständen die theoretische Möglichkeit der Kenntnisnahme für den Mitarbeiter besteht – also mit dem nächsten regulären „Postlauf". Möchten Sie den Zugang noch am gleichen Tag sicherstellen, dann hilft Ihnen nur die persönliche Übergabe des Schreibens.

3.2 Tipps, Fehlerquellen & häufige Fragen

3.2.1 Das Kündigungsgespräch

Braucht es ein Kündigungsgespräch?

Es ist zwar angenehmer, anstelle eines Kündigungsgesprächs einfach ein Kündigungsschreiben zu übersenden und damit einer direkten Konfrontation aus dem Wege zu gehen. Die kommentarlose Übersendung eines Kündigungsschreibens führt jedoch oft zwangsläufig zu einer Klage des Mitarbeiters vor dem Arbeitsgericht. Verständlicherweise fühlt sich ein Arbeitnehmer „vor den Kopf gestoßen", und ihm bleibt letztendlich nichts anderes übrig, als durch eine Klage die Kündigungsgründe herauszufinden.

Auf der anderen Seite kann das Kündigungsgespräch bewusst gesucht werden, um durch Mitteilung der Kündigungsgründe Transparenz und Nachvollziehbarkeit zu schaffen, in der Hoffnung, dass dadurch eine gerichtliche Auseinandersetzung vermieden werden kann. Das bietet sich vor allem dann an, wenn Sie einen handfesten Kündigungsgrund nennen können und der Grund nicht vollkommen aus der Luft gegriffen ist bzw. die Kündigung nicht offensichtlich, für alle sofort erkennbar, unwirksam ist.

Wie führe ich ein Kündigungsgespräch?

Ein Kündigungsgespräch ist für beide Seiten eine „heikle Angelegenheit". Um möglichst respektvoll und professionell vorzugehen, sollte ein Kündigungsgespräch vornehmlich folgende Ziele verfolgen:

- Ausspruch der Kündigung,
- ausführliche Darlegung der Gründe für die Kündigung,
- Festlegung der Details der weiteren Vorgehensweise und
- gegebenenfalls die Vereinbarung von Unterstützung des betroffenen Mitarbeiters durch den Arbeitgeber und die Führungskraft.

a) Vorbereitung des Kündigungsgesprächs

In Vorbereitung auf das Gespräch sind folgende Fragen so konkret wie möglich zu klären:

- Was sind die genauen Kündigungsgründe? Welche möchten Sie kommunizieren?
- Wie stehen Sie persönlich zur Kündigung?
- Welche Informationen benötigen Sie aus der Personalakte?
- Welche rechtlichen Aspekte müssen Sie berücksichtigen?

- Was bedeutet die Kündigung für den Mitarbeiter?
- Wie wird der Mitarbeiter wahrscheinlich reagieren?
- Wollen Sie sich beim Mitarbeiter bedanken? Wenn ja, für was?
- Welche Unterstützung für die Arbeitsplatzsuche können und wollen Sie anbieten?
- Welche Aspekte benötigen eine Klärung und Regelung?

b) Mögliche Gesprächsstruktur

Tabelle 2 beinhaltet eine mögliche Struktur des Kündigungsgesprächs.

Ziel des Schritts	Themen
Einstieg	
neutraler Einstieg	• kurze Begrüßung • kein Small Talk, da hier unangemessen
Anlass	• den Grund der Unterredung nennen
Kündigung aussprechen und begründen	
Kündigung und deren Gründe erläutern	• Kündigung aussprechen • Gründe dafür nennen • eventuell rechtliche Regelungen darlegen • sofern ehrlich, authentisch und passend: Betroffenheit und Bedauern äußern • Mitarbeiter die Möglichkeit geben, nachzufragen, und ihm Zeit geben, die Botschaft wirken zu lassen
weiteres Vorgehen skizzieren	• falls der Mitarbeiter in der Lage und bereit ist: weiteres Vorgehen bei der Umsetzung der Kündigung erklären • falls der Mitarbeiter dazu nicht in der Lage ist (z.B. aufgrund heftiger emotionaler Reaktion): Gespräch hier kurz unterbrechen, bis der Mitarbeiter sich wieder gefasst hat, oder Folgetermin vereinbaren

Ziel des Schritts	Themen
nächste Schritte regeln	
offene Fragen klären	• Umgang mit offenen Punkten (z.B.: Überstunden, Abfindung, Resturlaub, Abschließen von Aufgaben und Projekten, Übergaben, Zeugnis) gemeinsam besprechen
gegebenenfalls: Unterstützung vereinbaren	• sofern möglich und die Bereitschaft vorhanden: Unterstützung bei der Suche nach einem neuen Arbeitgeber anbieten
Gesprächsabschluss	
angemessenes Ende	• schriftliche Kündigung übergeben • wenn gewollt: sich für die Zusammenarbeit, die erbrachte Leistung und die Ergebnisse bedanken • wenn gewollt: Kündigung bedauern

Tab. 2: *Mögliche Struktur des Kündigungsgesprächs*

Weitere Tipps & Tricks werden jeweils gesondert bei den einzelnen Kündigungsarten (verhaltensbedingt, personenbedingt und betriebsbedingt) dargestellt.

3.2.2 Umgang mit Reaktionen des Mitarbeiters

Eine Kündigung ist ein wesentlich größerer Schockmoment für den Mitarbeiter als eine Abmahnung. Im Folgenden finden Sie typische Reaktionen der Mitarbeiter bei Ausspruch einer Kündigung und Empfehlungen für den Umgang damit:

Emotionale Reaktionen – Tränen, Wutausbruch etc.

Emotionale Reaktionen, vom Wutausbruch des Mitarbeiters bis hin zu Tränen, können Ihnen in Kündigungsgesprächen begegnen. Eine Kündigung kann nicht nur eine Kränkung sein, sondern auch Existenzängste auslösen. Wenn Sie auf unterschiedliche Gefühlsausbrüche vorbereitet sind, fällt es Ihnen leichter, angemessen zu reagieren. Um gelassen zu bleiben, ist es wichtig, die Reaktionen der Mitarbeiter anzunehmen bzw. zu akzeptieren. Mögliche Reaktionen Ihrerseits können sein:

- Bei Tränen bzw. großer emotionaler Betroffenheit bieten Sie an, das Gespräch zu unterbrechen, bis sich Ihr Gegenüber wieder beruhigt hat. Geben Sie dem Mitarbeiter Zeit oder lassen Sie den Mitarbeiter gegebenenfalls kurz allein, damit er sich wieder sammeln und den Schock verdauen kann, z. B.: Entschuldigen Sie sich für eine kurze Abwesenheit. Ihre Abwesenheit erspart unter Umständen einen „peinlichen Moment“ für den Mitarbeiter, der sich für seine Tränen schämt.
- Für den Fall eines Wutausbruchs sollten Sie sich mit einer eindeutigen Formulierung vorbereiten, die besagt, dass das Gespräch gerne fortgeführt werden kann, aber nur in einem sachlichen und ruhigen Ton. Sie können eine Pause zur Beruhigung anberaumen oder Sie brechen das Gespräch ab und fordern den Mitarbeiter nach der Übergabe der Kündigung auf, das Zimmer zu verlassen.
- Zeigen Sie Empathie! Tränen und emotionale Aufgewühltheit des Mitarbeiters sind Reaktionen, mit denen Führungskräfte umgehen müssen. Achten Sie darauf, den gekündigten Mitarbeiter nicht zu überfordern. Sie können

in Ausnahmefällen auch ein Angebot für ein zweites Gespräch machen.

- Geben Sie Ihrem Gegenüber ausreichend Zeit im Gespräch.
- Bei Führungskräften, die dem gekündigten Mitarbeiter persönlich nahestehen oder sogar mit ihm befreundet sind, besteht die Gefahr, dass diese vielleicht auch aus Schuldgefühlen und/oder schlechtem Gewissen zur emotionalen Verbrüderung neigen. Wird diesen nachgegeben, kann dies zu Beschönigungen, nicht einhaltbaren Zugeständnissen und damit zu noch mehr Irritationen und Verunsicherung beim Gekündigten führen. Ist die Bindung zwischen Mitarbeiter und Führungskraft zu eng, kann darüber nachgedacht werden, dass die Führungskraft nicht an dem Kündigungsgespräch teilnimmt.

„Wir sehen uns vor dem Arbeitsgericht"

Diese Information nehmen Sie gelassen zur Kenntnis. Oft ist es eine Drohung mit dem Ziel, Sie einzuschüchtern und von Ihrem Vorhaben abzubringen. Einem Mitarbeiter steht es frei, sich gegen die Kündigung zur Wehr zu setzen und eine Klage beim Arbeitsgericht einzureichen.

Will ein Mitarbeiter geltend machen, dass eine Kündigung sozial ungerechtfertigt oder aus anderen Gründen rechtsunwirksam ist, muss er innerhalb von **drei Wochen** nach Zugang der schriftlichen Kündigung Klage beim Arbeitsgericht auf die Feststellung erheben, dass das Arbeitsverhältnis durch die Kündigung nicht aufgelöst ist. Nach dem **Ablauf von drei Wochen** gilt die Kündigung als von Anfang an wirksam.

„Das werden Sie noch bereuen!"

In Einzelfällen kommt es vor, dass der Mitarbeiter nach Ausspruch der Kündigung durch den Arbeitgeber zum Gegenangriff übergeht und etwaige Drohkulissen aufbaut, nach dem Motto „Das werden Sie noch bereuen!", „Sie werden schon sehen, was Sie davon haben!", „Damit gehe ich an die Presse!" etc. Zumeist versteckt sich dahinter kein größeres Gefahrenpotenzial. Die Äußerungen sind oftmals der emotionalen Erstreaktion nach dem Ausspruch einer Kündigung geschuldet. Mit diesem Wissen sollte es Ihnen nicht schwerfallen, in der Situation gelassen zu bleiben.

Möglich ist aber auch, dass sich die Führungskraft durch den Ausspruch von Drohungen einschüchtern lässt, in die Defensive gerät und nicht einhaltbare Zugeständnisse macht. Um das zu vermeiden, sollten Sie nichts davon persönlich nehmen und darauf achten, sachlich und ruhig zu bleiben. Zeigen Sie Verständnis für die Reaktion des Gekündigten. Fühlt sich Ihr Gegenüber in seinem Ärger „gesehen", führt dies in den meisten Fällen zur Beruhigung. Hat sich die Gesprächsatmosphäre versachlicht und beruhigt, können Sie die wesentlichen Informationen wiederholen.

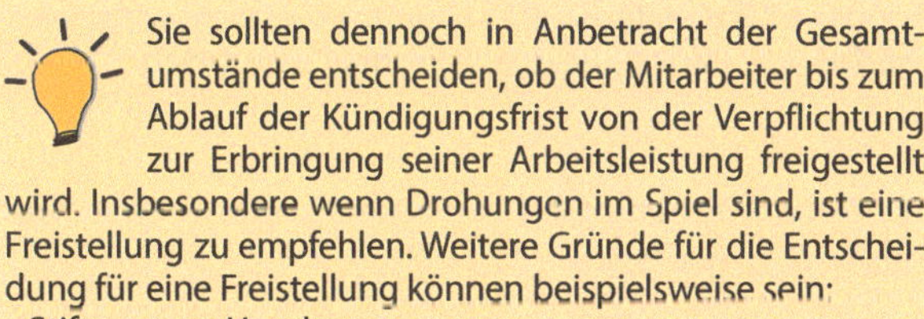

Sie sollten dennoch in Anbetracht der Gesamtumstände entscheiden, ob der Mitarbeiter bis zum Ablauf der Kündigungsfrist von der Verpflichtung zur Erbringung seiner Arbeitsleistung freigestellt wird. Insbesondere wenn Drohungen im Spiel sind, ist eine Freistellung zu empfehlen. Weitere Gründe für die Entscheidung für eine Freistellung können beispielsweise sein:

- Stiftung von Unruhe,
- Störung des Betriebsfriedens,
- Risiko, dass Unterlagen entwendet werden,

- Stimmungsmache
- etc.

Als Führungskraft kennen Sie Ihre Mitarbeiter am besten. In der Regel sollte bereits im Vorfeld des Ausspruchs der Kündigung klar sein, ob Gründe existieren, die dafürsprechen, den Mitarbeiter mit Ausspruch der Kündigung zugleich freizustellen.

Bei der Freistellung haben Sie die Wahl, den Mitarbeiter **widerruflich** oder **unwiderruflich** freizustellen. Bei der **widerruflichen Freistellung** muss der Mitarbeiter damit rechnen, dass Sie diese jederzeit beenden können – die Freistellung kann also widerrufen werden. Bei der **unwiderruflichen Freistellung** besteht diese Möglichkeit nicht – die Freistellung kann nicht mehr widerrufen werden. Dafür besteht bei der unwiderruflichen Freistellung die Möglichkeit, die Freistellung mit Resturlaubsansprüchen bzw. Überstunden zu verrechnen. Damit kann sichergestellt werden, dass zum Ende des Beschäftigungsverhältnisses kein Urlaub bzw. keine Überstunden mehr abzugelten sind. Zu beachten ist jedoch, dass diese Anrechnungsmöglichkeit nur bei der unwiderruflichen Freistellung in Betracht kommt. Denn nur bei dieser Freistellung kann der Arbeitnehmer sicher sein, dass sie nicht widerrufen wird. Er kann sich somit quasi wie im Urlaub fühlen.

Der Mitarbeiter steht auf, lässt das Kündigungsschreiben liegen und verlässt den Raum

Seien Sie auf alles vorbereitet. Auch auf die Situation, dass der Mitarbeiter das Kündigungsschreiben auf dem Tisch liegen lässt und den Raum verlässt. Bleiben Sie auch in dieser

Situation gelassen und ruhig. Sie brauchen nicht aufzuspringen und die Verfolgung aufzunehmen. Die Kündigung gilt auch in diesem Fall als zugegangen, sobald die Möglichkeit der tatsächlichen Kenntnisnahme durch den Mitarbeiter besteht. Er kann den Zugang der Kündigung nicht durch das Verlassen des Raumes vereiteln. In dieser Situation ist zu empfehlen, dass das Kündigungsschreiben trotzdem noch per Einwurf-Einschreiben an den Mitarbeiter übersendet wird.

Führen Sie ein Kündigungsgespräch aus Beweisgründen nicht alleine, sondern nehmen Sie immer einen Zeugen mit und dokumentieren Sie anschließend Ort, Datum, Uhrzeit und anwesende Personen. Halten Sie entsprechend auch fest, wenn der Mitarbeiter den Raum verlässt, ohne das Kündigungsschreiben mitzunehmen.

Nicht endende Diskussionen

Das Kündigungsgespräch kann sich in unterschiedliche Richtungen entwickeln, insbesondere wenn der Mitarbeiter die Situation innerlich nicht akzeptieren kann. Auch wenn das eher die Ausnahme sein sollte, kann sich unter Umständen eine lebhafte Diskussion entwickeln – je nach Kündigungsgrund z.B. darüber, ob sich der kündigungsrelevante Vorfall so tatsächlich ereignet hat (verhaltensbedingt), die unternehmerische Entscheidung die richtige ist (betriebsbedingt) oder der Arbeitgeber ausschließlich daran schuld ist, dass man erkrankt ist (personenbedingt). Auf diese Fälle sollten Sie mit Argumenten vorbereitet sein, damit die Diskussion nicht ausufert. In letzter Konsequenz hilft nur, zum richtigen Zeitpunkt mit der gebotenen Deutlichkeit mitzuteilen, dass die Entscheidung über die Kündigung getroffen worden ist, daran nichts mehr geändert wird und das Gespräch nun beendet ist. Dann erheben Sie sich und verabschieden den Mitarbeiter.

„Warum gerade ich?"

Mit dieser Frage müssen Sie bei der betriebsbedingten Kündigung rechnen. In diesem Fall kommt es darauf an, dem Mitarbeiter eine inhaltlich verständliche und gut begründete Erklärung zu geben. Bereiten Sie sich also auf das Kündigungsgespräch vor. Achten Sie darauf, die Gründe so zu schildern, dass diese nicht verletzend für den Gekündigten wirken.

Gefasste Reaktion des Mitarbeiters

Es gibt auch Mitarbeiter, die im Kündigungsgespräch sehr gefasst und souverän wirken. Diese zeigen oft wenig Emotionen und argumentieren sehr sachlich. Solche Mitarbeiter sind von der Kündigung nicht überrascht und haben sich gut vorbereitet. Sie fragen nach, suchen nach Schwachstellen bei der Kündigung und versuchen, an Informationen zu gelangen, die sie gegebenenfalls später in einem Kündigungsschutzverfahren nutzen können. Wenn Sie diese Strategie bei einem Mitarbeiter erkennen, dann denken Sie daran, dass Sie nicht alle Fragen beantworten müssen. Bleiben Sie bei Ihrem vorbereiteten Fahrplan und beenden Sie zeitnah das Gespräch.

4 Verhaltensbedingte Kündigung

Fallbeispiel: *Abteilungsleiter A hat sich entschlossen, sich von seinem Mitarbeiter M zu trennen. Für ihn ist es nicht mehr tragbar, dass M immer wieder, trotz erfolgter Abmahnungen, zu spät zur Arbeit erscheint.*

4.1 Rechtliche Grundlagen

Sozial ungerechtfertigt ist die Kündigung, wenn sie nicht durch Gründe, die in der Person oder **in dem Verhalten des Arbeitnehmers** liegen, oder durch dringende betriebliche Erfordernisse, die einer Weiterbeschäftigung des Arbeitnehmers in diesem Betrieb entgegenstehen, bedingt ist (vgl. § 1 Abs. 2 Satz 1 KSchG). Positiv formuliert: Sie brauchen als Führungskraft einen Kündigungsgrund – dieser Grund kann unter anderem **in dem Verhalten des Arbeitnehmers** liegen. Bei der verhaltensbedingten Kündigung ist zwischen der **ordentlichen verhaltensbedingten** Kündigung und der **fristlosen verhaltensbedingten** Kündigung zu unterscheiden.

4.1.1 Ordentliche verhaltensbedingte Kündigung

Die ordentliche Kündigung beendet das Arbeitsverhältnis – im Gegensatz zur außerordentlichen und fristlosen Kündigung – unter Einhaltung der vertraglich vereinbarten Kündigungsfrist. Die ordentliche verhaltensbedingte Kündigung ist an folgende Voraussetzungen geknüpft (vgl. Bild 2):

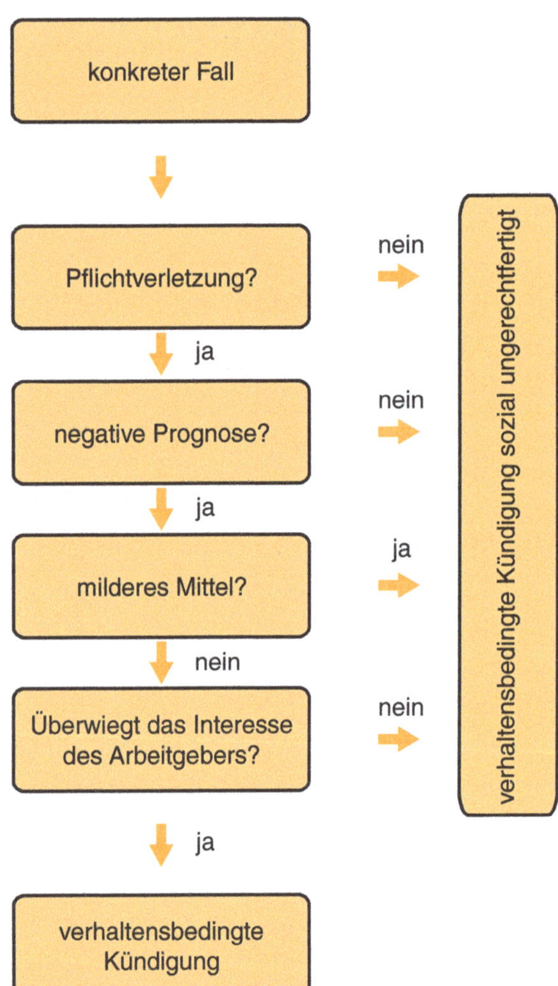

Bild 2: *Grobe Prüfstruktur der verhaltensbedingten Kündigung*

Pflichtverletzung

Voraussetzung für den Ausspruch einer verhaltensbedingten Kündigung ist der Verstoß des Arbeitnehmers gegen Pflichten (Pflichtverletzung). Das BAG gibt in der Prüfungsreihenfolge vor, dass an erster Stelle zu klären ist, ob das Verhalten des Arbeitnehmers „an sich geeignet" ist, eine ordentliche Kündigung zu rechtfertigen (vgl. BAG vom 10.06.2010 – 2 AZR 541/09). Das ist beispielsweise – inhaltsgleich zu den Abmahnungsfällen – bei folgenden Pflichtverletzungen der Fall:

- unentschuldigtes Fehlen,
- unpünktliches Erscheinen am Arbeitsplatz,
- eigenmächtiger Urlaubsantritt,
- Nichtbefolgung von Arbeitsanweisungen,
- mangelhafte Erledigung der übertragenen Aufgaben,
- exzessive private Internetnutzung während der Arbeitszeit,
- Arbeitszeitbetrug,
- Diebstahl, Untreue,
- Verstoß gegen betriebliche Regelungen (z.B. Alkohol- oder Rauchverbot),
- Ausübung einer nicht genehmigten Nebentätigkeit,
- Beleidigungen von Vorgesetzten und Kollegen.

Negative Prognose

Eine Pflichtverletzung ist nur dann kündigungsrelevant, wenn zukünftige Vertragsverstöße zu befürchten sind – und sich damit eine negative Zukunftsprognose ergibt. Es muss eine Wiederholungsgefahr bestehen bzw. es wird befürchtet, dass das Fehlverhalten in der Vergangenheit sich auch zukünftig weiter belastend auswirkt (vgl. BAG vom 12.01.2006 – 2 AZR 179/05).

Die Kündigung ist keine „Bestrafung und Disziplinierung" für die in der Vergangenheit liegende Pflichtverletzung. Mit einer Kündigung soll das Risiko weiterer zukünftiger Vertragsverletzungen ausgeschlossen werden. Die verhaltensbedingte Kündigung ist zukunftsbezogen. Die Kündigung ist mithin keine Strafe für die Pflichtverletzung!

Kein milderes Mittel

Vor dem Ausspruch der Kündigung muss der Arbeitgeber alle ihm zumutbaren Maßnahmen ergriffen haben, um den Ausspruch der Kündigung zu verhindern (vgl. BAG vom 12.01.2006 – 2 AZR 179/05). Unter anderem kommen folgende mildere Mittel in Betracht:

- **Abmahnung:** Was man unter einer Abmahnung versteht und wann sie erforderlich ist, ist in dem Kapitel „Abmahnung" ausführlich dargestellt.
- **Versetzung des Mitarbeiters:** Diese Maßnahme kann z. B. bei Teamkonflikten sinnvoll sein, um die „Streithähne" zu trennen.

Ein Kritikgespräch ist ein milderes Mittel – sozusagen die erste Stufe. Sollte sich aber auch danach keine Besserung zeigen, muss bzw. sollte das Verhalten abgemahnt werden.

Interessenabwägung

Das BAG verlangt zuletzt, dass (unabhängig davon, wie schwerwiegend der Pflichtenverstoß ist) stets zu prüfen ist, ob unter Berücksichtigung der Gesamtumstände des Einzelfalls das Interesse des Arbeitgebers an der Beendigung des Arbeitsverhältnisses das Interesse des Arbeitnehmers an dessen Fortsetzung überwiegt (vgl. BAG vom 10.06.2010 – 2 AZR 541/09). Im Rahmen dieser Interessenabwägung finden deshalb – neben der Art, der Schwere und der Häufigkeit des Fehlverhaltens des Mitarbeiters – auch die vorliegenden Gesamtumstände Berücksichtigung.

Zugunsten des Arbeitnehmers können unter anderem gewertet werden:

- Sozialdaten des Arbeitnehmers (neben dem Alter, der Schwerbehinderung und den Unterhaltsverpflichtungen insbesondere die Betriebszugehörigkeit),
- Mitverschulden des Arbeitgebers,
- Situation auf dem Arbeitsmarkt – spezifisch auf den Mitarbeiter bezogen.

Zugunsten des Arbeitgebers können beispielsweise gewertet werden:

- Begleitumstände des Fehlverhaltens,
- konkrete Störungen des Betriebsablaufs,
- konkrete Störungen des Betriebsfriedens,
- Wiederholungsgefahr,
- Vermögensschaden.

4.1.2 Fristlose verhaltensbedingte Kündigung

Die fristlose verhaltensbedingte Kündigung beendet das Arbeitsverhältnis – im Gegensatz zur ordentlichen verhaltensbedingten Kündigung – mit sofortiger Wirkung. Die fristlose Kündigung ist an folgende Voraussetzungen geknüpft:

Voraussetzungen des § 626 Abs. 1 BGB

Gemäß § 626 Abs. 1 BGB gilt: „*Das Dienstverhältnis kann von jedem Vertragsteil aus **wichtigem Grund** ohne Einhaltung einer Kündigungsfrist gekündigt werden, wenn Tatsachen vorliegen, auf Grund derer dem Kündigenden unter Berücksichtigung aller **Umstände des Einzelfalles** und unter **Abwägung der Interessen beider Vertragsteile** die Fortsetzung des Dienstverhältnisses bis zum Ablauf der Kündigungsfrist oder bis zu der vereinbarten Beendigung des Dienstverhältnisses nicht zugemutet werden kann.*" Voraussetzungen sind danach:

- Eine **Pflichtverletzung**, laut Gesetz der **„wichtige Grund"**: Als fristloser Kündigungsgrund „an sich" geeignet sind beispielsweise Arbeitszeitbetrug, Diebstahl, Untreue etc.
- Eine Interessenabwägung, laut Gesetz **„Umstände des Einzelfalles"** und **„Abwägung der Interessen beider Vertragsteile"** (siehe dazu die Ausführungen zur Interessenabwägung unter dem Punkt „Ordentliche verhaltensbedingte Kündigung").

Die Berücksichtigung aller Umstände des Einzelfalls sowie die Abwägung der Interessen beider Vertragsteile führen dazu, dass es auch bei strafbaren Handlungen keinen unbedingten und absoluten Kündigungsgrund gibt (vgl. BAG vom 10.06.2010 – 2 AZR 541/09). Es gibt keinen Automatismus, der lautet: *„Bei einer Straftat hält jede Kündigung."* Es kommt auf den Einzelfall an! Deshalb ist es auch so wichtig, dass Sie sich im Einzelfall mit der Personalabteilung abstimmen.

Zwei-Wochen-Frist des § 626 Abs. 2 Satz 1 BGB

Gemäß § 626 Abs. 2 Satz 1 BGB gilt: *„Die Kündigung kann nur innerhalb von* ***zwei Wochen*** *erfolgen. Die Frist beginnt mit dem Zeitpunkt, in dem der Kündigungsberechtigte von den für die Kündigung maßgebenden Tatsachen Kenntnis erlangt."*

Verlieren Sie die Zwei-Wochen-Frist nicht aus den Augen. Ist die Frist gemäß § 626 Abs. 2 Satz 1 BGB verstrichen, kann das Arbeitsverhältnis nur noch ordentlich gekündigt werden!

Sonstige Voraussetzungen

Im Hinblick auf die sonstigen Voraussetzungen

- negative Prognose und
- kein milderes Mittel (z. B. Abmahnung, Versetzung),

wird auf die Ausführungen zur ordentlichen verhaltensbedingten Kündigung verwiesen.

4.2 Tipps, Fehlerquellen & häufige Fragen

4.2.1 Strategische Hinweise bei der fristlosen Kündigung

Bei fristloser Kündigung immer zusätzlich hilfsweise ordentlich kündigen

Wenn Sie eine fristlose Kündigung aussprechen, vergessen Sie nicht, zusätzlich **hilfsweise** eine ordentliche Kündigung auszusprechen, für den Fall, dass die fristlose Kündigung das Arbeitsverhältnis nicht beendet. So besteht immer noch die Option, dass die ordentliche Kündigung, mit ihren „geringeren" Voraussetzungen greift. Eine Formulierung könnte wie folgt lauten:

„Sehr geehrter Herr M,
hiermit kündigen wir das zwischen der XX GmbH und Ihnen bestehende Arbeitsverhältnis mit sofortiger Wirkung außerordentlich und fristlos aus wichtigem Grund.
***Hilfsweise** für den Fall, dass das zwischen der XX GmbH und Ihnen bestehende Arbeitsverhältnis nicht durch die außerordentliche und fristlose Kündigung beendet wird, kündigen wir das Arbeitsverhältnis ordentlich unter Einhaltung der vertraglich vereinbarten Kündigungsfrist zum nächstzulässigen Termin. Das ist nach unserer Berechnung der 30.09.2018."*

Denken Sie daran, dass Sie bei einer fristlosen und hilfsweise ordentlichen Kündigung den Betriebsrat zu beiden Kündigungen anhören müssen.

Zwei-Wochen-Frist: Keine Hektik, aber gebotene Eile!

Der Ausspruch der fristlosen Kündigung kann nur innerhalb von zwei Wochen erfolgen, nachdem der Kündigungsberechtigte von den maßgebenden Tatsachen Kenntnis erlangt hat (vgl. § 626 Abs. 2 Satz 1 und 2 BGB). Die Frist beginnt zu laufen, wenn der Kündigungsberechtigte des Unternehmens so zuverlässige und vollständige Kenntnis vom Kündigungssachverhalt hat, dass ihm eine Entscheidung darüber, ob die Fortsetzung des Arbeitsverhältnisses für ihn zumutbar ist, möglich ist (BAG vom 12.11.12 – 2 AZR 732/11).

Ist ein Kündigungssachverhalt zu 100 % erwiesen (wurde z. B. der Mitarbeiter A von zwei Mitarbeitern beobachtet, wie er die Schublade am Schreibtisch eines Kollegen geöffnet hat und aus dem Geldbeutel 100 € gestohlen hat), ist von zuverlässiger und vollständiger Kenntnis auszugehen, sodass die Frist zu laufen beginnt. In derartigen Fällen ist zur Einhaltung der Zwei-Wochen-Frist Eile geboten.

Oftmals gibt es in der Praxis den Fall, dass der eventuell vorhandene Kündigungssachverhalt eben nicht zu 100 % erwiesen ist. In diesen Fällen beginnt die Zwei-Wochen-Frist **nicht automatisch** zu laufen. Das heißt aber nicht, dass man sich in dieser Situation entspannt zurücklehnen darf in dem Wissen „*Ich habe ja Zeit …*“. In dieser Situation ist der Arbeitgeber angehalten, weitere Aufklärungsmaßnahmen und Ermittlungen einzuleiten.

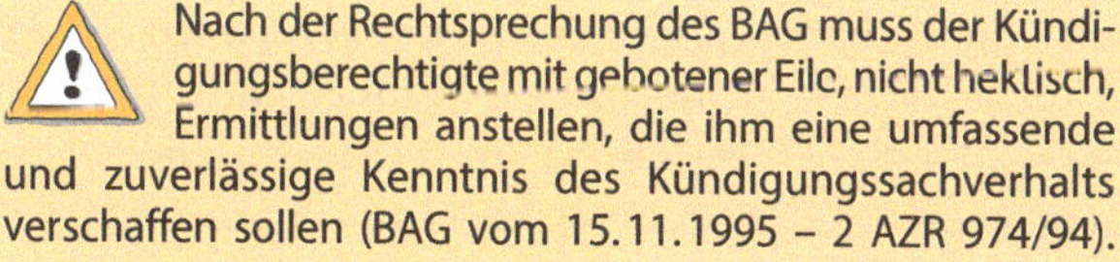

Nach der Rechtsprechung des BAG muss der Kündigungsberechtigte mit gebotener Eile, nicht hektisch, Ermittlungen anstellen, die ihm eine umfassende und zuverlässige Kenntnis des Kündigungssachverhalts verschaffen sollen (BAG vom 15.11.1995 – 2 AZR 974/94).

Die Ermittlungen sollen nicht „verschleppt" werden. Eine Dokumentation der Aufklärungsbemühungen ist hilfreich und zu empfehlen. So können Sie später, in einem eventuellen Prozess, konkret vortragen, wann Sie welche Kenntnis hatten und welche gezielten Aufklärungsmaßnahmen beschlossen und eingeleitet worden sind.

Zu einer ordnungsgemäßen Sachverhaltsaufklärung gehört auch immer die Anhörung des Mitarbeiters – auch wenn das, außer bei der Verdachtskündigung, keine Voraussetzung für die Wirksamkeit der fristlosen Kündigung ist. Vermeiden Sie den Fehler, mit allen Betroffenen zu sprechen, nur nicht mit dem direkt Betroffenen.

4.2.2 Straftaten und außerdienstliches Fehlverhalten

Achtung bei langen Betriebszugehörigkeiten:
Stichwort „Fall Emmely"

Die Tatsache, dass ein Mitarbeiter eine Straftat begangen hat, führt nicht automatisch dazu, dass von einer wirksamen verhaltensbedingten Kündigung ausgegangen werden kann. Natürlich liegt z. B. bei einem Diebstahl ein „wichtiger Grund" für eine Kündigung vor. Das heißt aber nicht, dass auch die Interessenabwägung automatisch zuungunsten des Arbeitnehmers ausfällt. Aufsehen erregt hat der in den Medien viel zitierte „Fall Emmely":

Streitgegenstand war der Ausspruch einer außerordentlichen Kündigung gegenüber einer Verkäuferin wegen des Verdachts, sie habe zwei von einer Kollegin gefundene Leergutbons im Wert von insgesamt 1,30 € bei einem Einkauf zum eigenen Vorteil eingelöst. Das LAG Berlin-Brandenburg hatte noch die Wirksamkeit der Kündigung bestätigt.

Das BAG hat jedoch mit folgender Argumentation entschieden, dass die Kündigung unwirksam ist: *„Letztlich überwiegen angesichts der mit einer Kündigung verbundenen schwerwiegenden Einbußen die zu Gunsten der Klägerin in die Abwägung einzustellenden Gesichtspunkte. Dazu gehört insbesondere die über drei Jahrzehnte ohne rechtlich relevante Störungen verlaufene Beschäftigung, durch die sich die Klägerin ein hohes Maß an Vertrauen erwarb.* ***Dieses Vertrauen konnte durch den in vieler Hinsicht atypischen und einmaligen Kündigungssachverhalt nicht vollständig zerstört werden.*** *Im Rahmen der Abwägung war auch auf die vergleichsweise geringfügige wirtschaftliche Schädigung der Beklagten Bedacht zu nehmen, so dass eine Abmahnung als milderes Mittel gegenüber einer Kündigung angemessen und ausreichend gewesen wäre, um einen künftig wieder störungsfreien Verlauf des Arbeitsverhältnisses zu bewirken."* (Auszug aus der Pressemitteilung des BAG zum Urteil vom 10.06.2010 – 2 AZR 541/09).

Vergessen Sie nicht, dass es im Arbeitsrecht immer auf den Einzelfall ankommt – und keine Automatismen greifen! Emmely hat ihre lange beanstandungsfreie Betriebszugehörigkeit geschützt.

Außerdienstliches Verhalten als Kündigungsgrund?

Außerdienstliches Verhalten ist grundsätzlich nicht geeignet, einen Kündigungsgrund darzustellen. Ein in der Freizeit begangener Ladendiebstahl wird beispielsweise nicht dazu führen, dass eine Krankenschwester ihren Job im Krankenhaus verliert.

Es gibt jedoch **Ausnahmen**. Laut Rechtsprechung kann außerdienstliches Verhalten eine Kündigung rechtfertigen, wenn dadurch berechtigte Interessen des Arbeitgebers beeinträchtigt werden, also es negative Auswirkungen auf den Betrieb oder einen Bezug zum Arbeitsverhältnis hat (vgl. BAG vom 10.09.2009 – 2 AZR 257/08).

Ausnahmen wurden von der Rechtsprechung beispielsweise für folgende zwei Fälle angenommen:

- ein Berufskraftfahrer, dem wegen einer privaten Trunkenheitsfahrt die Fahrerlaubnis entzogen worden ist (BAG vom 30.05.78 – 2 AZR 630/76),
- ein Finanzbeamter, der privat Steuerhinterziehung begangen hat (LAG Düsseldorf vom 20.05.1980 – 19 Sa 624/79).

4.2.3 Was tun bei dem Verdacht eines Fehlverhaltens?

Hinterfragen Sie immer kritisch, ob das vorgeworfene Fehlverhalten tatsächlich mit Zahlen, Daten und Fakten bewiesen werden kann oder ob „lediglich“ Verdachtsmomente bestehen. Sollten „lediglich“ Verdachtsmomente bestehen, ohne dass ein konkreter Sachverhalt nachgewiesen werden kann, müssen Sie das bei Ihren weiteren Schritten berücksichtigen.

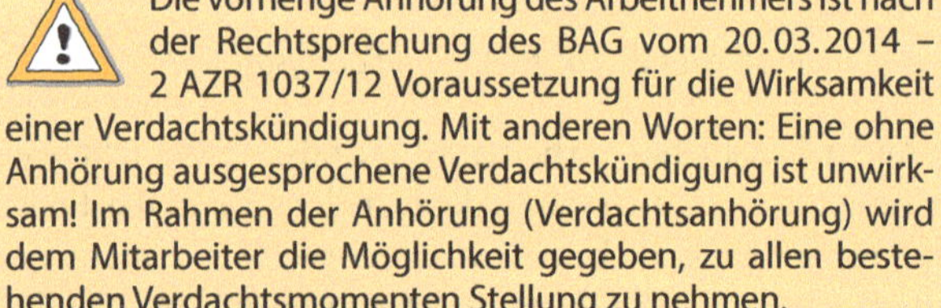

Die vorherige Anhörung des Arbeitnehmers ist nach der Rechtsprechung des BAG vom 20.03.2014 – 2 AZR 1037/12 Voraussetzung für die Wirksamkeit einer Verdachtskündigung. Mit anderen Worten: Eine ohne Anhörung ausgesprochene Verdachtskündigung ist unwirksam! Im Rahmen der Anhörung (Verdachtsanhörung) wird dem Mitarbeiter die Möglichkeit gegeben, zu allen bestehenden Verdachtsmomenten Stellung zu nehmen.

Beachten Sie jedoch, dass nicht jeder „bloße“ Verdachtsmoment ausreichend ist. Es müssen konkrete Tatsachen vorliegen, welche einen dringenden Verdacht rechtfertigen, dass der Mitarbeiter das ihm vorgeworfene Fehlverhalten begangen hat. Behauptungen „ins Blaue hinein“ ohne konkrete Tatsachen sind nicht ausreichend!

Führen Sie die Anhörung schriftlich durch! Setzen Sie für die schriftliche Beantwortung eine Frist. Sollten sich die Verdachtsmomente aufgrund der Stellungnahme des Mitarbeiters entkräften, ist von dem Ausspruch einer Kündigung abzusehen. Erfahrungen zeigen, dass in vielen Fällen keine Stellungnahme abgegeben wird. In diesem Fall bestehen weiterhin die Verdachtsmomente, sodass konsequenterweise eine Kündigung auszusprechen ist. Setzen Sie sich mit der Personalabteilung bzw. einem Rechtsanwalt in Verbindung, da es bestimmte formelle Erfordernisse bei der sogenannten „Verdachtsanhörung“ gibt, die zu berücksichtigen sind.

4.2.4 Strategie: Aufhebungsvertrag anstelle der verhaltensbedingten Kündigung?

Anstelle des unmittelbaren Ausspruchs einer verhaltensbedingten Kündigung kann es ratsam sein, in einem Gespräch die Chance zu nutzen, das Fehlverhalten und gegebenenfalls vorhandene Abmahnungen darzustellen. Besprechen Sie mit der Personalabteilung bzw. mit der Geschäftsführung, inwieweit Sie in dieser Situation dem Mitarbeiter einen Aufhebungsvertrag anbieten können.

Vorteil für den Arbeitgeber ist, dass Sie mit einem Aufhebungsvertrag Rechtssicherheit schaffen und kein späteres Klageverfahren zu befürchten haben, welches Monate in Anspruch nehmen kann und den Arbeitgeber stets dem Risiko von Annahmeverzugslohnansprüchen (das Gehalt, das für die gesamte Dauer des Verfahrens vor dem Arbeitsgericht gezahlt werden muss, sollte die Kündigung unwirksam sein) aussetzt. Vorteil für den Arbeitnehmer ist, dass sein Fehlverhalten nicht in einem öffentlichen Gerichtsverfahren diskutiert wird. Ein Anspruch des Arbeitgebers auf Abschluss eines Aufhebungsvertrages existiert allerdings nicht. Sie können den Abschluss nur anbieten.

Vergessen Sie bei allem Taktieren nicht, dass die fristlose Kündigung spätestens zwei Wochen nach Kenntnis des Fehlverhaltens durch den Kündigungsberechtigten ausgesprochen werden muss und gegebenenfalls noch der Betriebsrat angehört werden muss. Verzetteln Sie sich also nicht bei der Zeit!

Wenn es einmal schnell gehen muss: Sollten Sie einmal in die Situation kommen, dass Sie umgehend einen Aufhebungsvertrag benötigen und niemanden von der Personalabteilung erreichen, dann kann folgende Basisversion einer Aufhebungsvereinbarung an den Mitarbeiter übergeben werden:

„Aufhebungsvereinbarung

1. *Die Parteien sind sich darüber einig, dass das zwischen ihnen bestehende Arbeitsverhältnis einvernehmlich mit Ablauf des 31.08.2018 (Beendigungszeitpunkt) sein Ende finden wird.*
2. *Das Arbeitsverhältnis wird bis zum Beendigungszeitpunkt ordnungsgemäß abgerechnet.*

3. *Der Arbeitnehmer wird unter Fortzahlung der Vergütung unwiderruflich von der Verpflichtung zur Erbringung seiner Arbeitsleistung unter Anrechnung etwaig bestehender Urlaubsansprüche und etwaig bestehender Freizeitguthaben freigestellt. Durch die unwiderrufliche Freistellung sind sämtliche Urlaubsansprüche und Ansprüche auf Freizeitausgleich abgegolten.*

4. *Wegen der Beendigung des Arbeitsverhältnisses zahlt der Arbeitgeber dem Arbeitnehmer eine Abfindung entsprechend §§ 9, 10 KSchG in Höhe von XXX € brutto.*

5. *Der Arbeitnehmer erhält ein wohlwollendes und qualifiziertes Arbeitszeugnis mit der Gesamtbewertung „gut".*

6. *Die Parteien sind sich einig, dass mit Erfüllung der Verpflichtungen aus dieser Aufhebungsvereinbarung sämtliche gegenseitigen Ansprüche aus dem Arbeitsverhältnis und seiner Beendigung, gleich aus welchem Rechtsgrund, seien sie bekannt oder unbekannt, erledigt sind."*

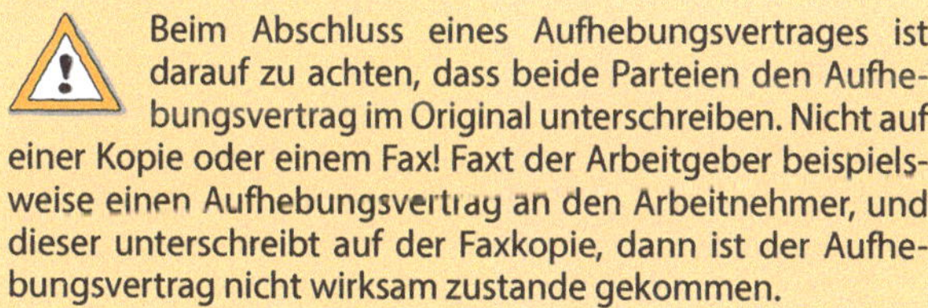

Beim Abschluss eines Aufhebungsvertrages ist darauf zu achten, dass beide Parteien den Aufhebungsvertrag im Original unterschreiben. Nicht auf einer Kopie oder einem Fax! Faxt der Arbeitgeber beispielsweise einen Aufhebungsvertrag an den Arbeitnehmer, und dieser unterschreibt auf der Faxkopie, dann ist der Aufhebungsvertrag nicht wirksam zustande gekommen.

Der Abschluss eines Aufhebungsvertrages bei einer verhaltensbedingten Kündigung führt zwangsläufig zu einer **Sperrzeit** des Arbeitnehmers bei der **Bundesagentur für Arbeit**. Die Sperrzeit führt dazu, dass der Mitarbeiter die ersten drei Monate nach Beendigung des Beschäftigungsverhältnisses kein Arbeitslosengeld erhält. Das Risiko einer Sperrzeit trägt ausschließlich der Arbeitnehmer. Es ist deshalb in der Verantwortung des Mitarbeiters bzw. dessen Rechtsbeistands, nach Lösungen zu suchen, um den Nachteil einer Sperrzeit zu umgehen bzw. den Nachteil in anderer Weise zu kompensieren.

Die typischen Reaktionen eines Mitarbeiters auf den Ausspruch einer Kündigung und den Umgang damit sind im Kapitel „Kündigung, allgemein“ nachzulesen.

5 Betriebsbedingte Kündigung

Fallbeispiel: *Abteilungsleiter A plant den Ausspruch einer betriebsbedingten Kündigung gegenüber M. Begründen möchte er dies mit der Streichung der Stelle des M. Eine durchgeführte Sozialauswahl kommt zu dem Ergebnis, dass M schutzwürdiger ist als sein Kollege X, der erst seit einem Jahr dabei ist und keine Kinder hat. M hingegen ist seit fünf Jahren im Betrieb beschäftigt und zwei Kindern gegenüber zum Unterhalt verpflichtet. A möchte X jedoch nicht verlieren, da X über ausgewiesene Spezialkenntnisse verfügt, die sonst niemand in der Abteilung hat.*

5.1 Rechtliche Grundlagen

Sozial ungerechtfertigt ist die Kündigung, wenn sie nicht durch Gründe, die in der Person oder in dem Verhalten des Arbeitnehmers liegen, oder durch **dringende betriebliche Erfordernisse**, die einer Weiterbeschäftigung des Arbeitnehmers in diesem Betrieb entgegenstehen, bedingt ist (vgl. § 1 Abs. 2 Satz 1 KSchG). Positiv formuliert: Sie brauchen als Führungskraft einen Kündigungsgrund – dieser Grund kann unter anderem **in dringenden betrieblichen Erfordernissen** (betriebsbedingte Kündigung) liegen.

Bei der betriebsbedingten Kündigung geht es im Wesentlichen um folgende Fragen (vgl. Bild 3):

- Ist eine unternehmerische Entscheidung getroffen worden, die zum Wegfall des Beschäftigungsbedürfnisses führt?
- Bestehen Weiterbeschäftigungsmöglichkeiten auf freien Arbeitsplätzen?
- Ist die Sozialauswahl ordnungsgemäß durchgeführt worden?

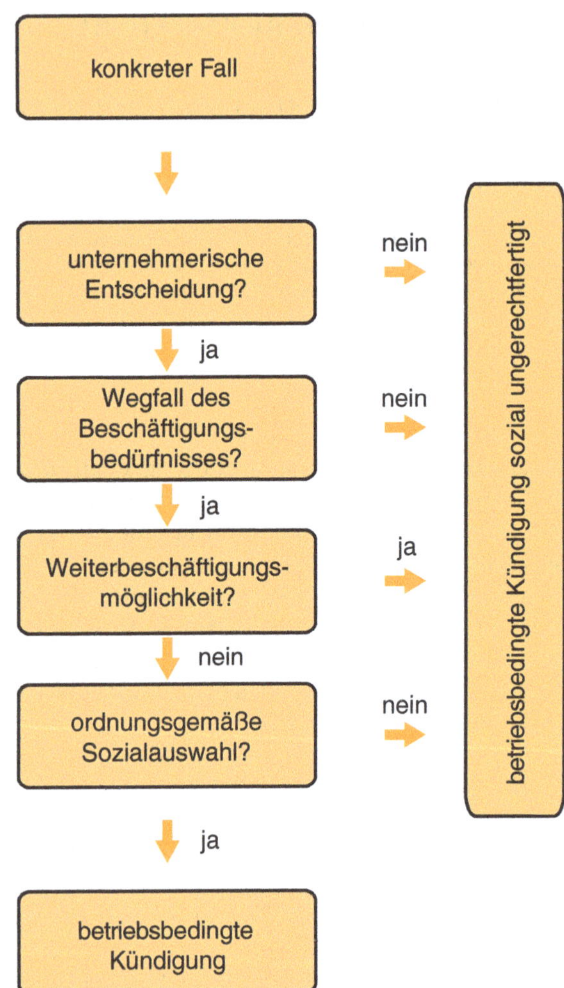

Bild 3: *Grobe Prüfstruktur der betriebsbedingten Kündigung*

5.1.1 Unternehmerische Entscheidung und Wegfall des Beschäftigungsbedürfnisses

Ausgangspunkt für betriebsbedingte Kündigungen sind entweder innerbetriebliche (z.B. Umorganisation, Einführung neuer Technik) oder außerbetriebliche (z.B. Umsatzrückgang, Auftragseinbruch) Ursachen, welche den Arbeitgeber zwingen, eine unternehmerische Entscheidung zu treffen. Aufgrund der Umsetzung der unternehmerischen Entscheidung muss das Beschäftigungsbedürfnis entfallen. Dazu einige Beispiele:

- **Innerbetriebliche Ursache:** Das Unternehmen steht unter Kostendruck und prüft kontinuierlich Einsparungsmaßnahmen. Vor diesem Hintergrund trifft die Geschäftsführung die unternehmerische Entscheidung, die bisher durch angestellte Mitarbeiter erbrachten Hausmeisterdienstleistungen zukünftig von einem externen Dienstleister erbringen zu lassen. Mit der Umsetzung der unternehmerischen Entscheidung entfällt das Beschäftigungsbedürfnis für die angestellten Hausmeister.
- **Außerbetriebliche Ursache:** Das Unternehmen verliert einen Auftrag, der 20 % des gesamten produzierten Volumens betrifft. Aus diesem Grund wird die unternehmerische Entscheidung getroffen, 20 % des vorhandenen Produktionspersonals abzubauen. In Umsetzung dieser Entscheidung entfällt das Beschäftigungsbedürfnis im Umfang von 20 % des beschäftigten Produktionspersonals.
- **Innerbetriebliche Ursache in Form von internen Umstrukturierungen:** Das Unternehmen trifft die unternehmerische Entscheidung, dass die Stelle als „Projektingenieur" gestrichen wird. Die mit der Stelle verbundenen Aufgaben werden zukünftig auf die Mitarbeiter A, B und

C verteilt. Konkret gehen folgende Aufgaben an A: …, folgende Aufgaben an B: … und folgende Aufgaben an C: ... A, B und C haben Kapazität, um die zusätzlichen Aufgaben zu übernehmen. In Umsetzung dieser Entscheidung entfällt das Beschäftigungsbedürfnis für die Stelle des „Projektingenieurs".

Eine unternehmerische Entscheidung ist von den Arbeitsgerichten nur begrenzt überprüfbar. Sie darf weder offenbar „unsachlich", „unvernünftig" oder „willkürlich" sein. Darüber hinaus müssen Sie der Frage nachgehen, ob eine unternehmerische Entscheidung überhaupt getroffen wurde und ob sie sich betrieblich dahin gehend auswirkt, dass der Beschäftigungsbedarf für den gekündigten Arbeitnehmer entfallen ist (vgl. BAG 16.12.2004 – 2 AZR 66/04). Es ist zu empfehlen, die unternehmerische Entscheidung schriftlich zu fixieren. Bereiten Sie als Führungskraft die unternehmerische Entscheidung vor, bevor Sie sie an die Personalabteilung zur weiteren Prüfung übersenden. Die Verschriftlichung zwingt Sie, sich konkret über die Organisationsstruktur, die Aufgabenverteilung und die Auswirkung einer unternehmerischen Entscheidung Gedanken zu machen.

5.1.2 Weiterbeschäftigungsmöglichkeit – freie Arbeitsplätze

Wegen des Grundsatzes der Verhältnismäßigkeit ist, wie bei jeder Kündigung, zu prüfen, ob es ein milderes Mittel als den Ausspruch einer betriebsbedingten Kündigung gibt. Dieses mildere Mittel ist die eventuelle Weiterbeschäftigung auf einem freien Arbeitsplatz. Nach § 1 Abs. 2 Satz 2 KSchG kann ein Arbeitnehmer, dessen bisheriger Arbeitsplatz weggefallen ist, seine Weiterbeschäftigung verlangen, wenn ein

anderer Arbeitsplatz zu vergleichbaren oder schlechteren Bedingungen vorhanden **und frei ist** und er das betreffende Anforderungsprofil erfüllt (BAG vom 08.05.2014 – 2 AZR 1001/12). Danach müssen zwei Voraussetzungen gleichzeitig erfüllt sein:

- Ein Arbeitsplatz muss frei sein und
- der Arbeitnehmer muss in der Lage sein, die Tätigkeit auszuüben.

Letzteres heißt nicht, dass der Mitarbeiter die Tätigkeiten auf dem freien Arbeitsplatz bereits perfekt beherrschen muss. Der Arbeitgeber ist gemäß § 1 Abs. 2 Satz 3 KSchG angehalten, dem Mitarbeiter zumutbare Umschulungs- oder Fortbildungsmaßnahmen anzubieten.

Wird die Kündigung trotz möglicher Weiterbeschäftigung auf einem freien Arbeitsplatz ausgesprochen, ist diese unwirksam. Da die Weiterbeschäftigungsmöglichkeit auf einem freien Arbeitsplatz immer ein milderes Mittel darstellt, ist stets zu prüfen, ob der Mitarbeiter auf einem freien Arbeitsplatz weiterbeschäftigt werden kann, durch:

- Versetzung,
- zumutbare Umschulungs- oder Fortbildungsmaßnahmen,
- Änderungskündigung.

Hat der Arbeitgeber einen freien Arbeitsplatz und verfügt der Arbeitnehmer über die Fähigkeiten und Kenntnisse, um auf diesem Arbeitsplatz zu arbeiten, dann hat der Arbeitgeber dem Mitarbeiter anstelle einer Beendigungskündigung diesen Arbeitsplatz anzubieten. Lehnt der Mitarbeiter diesen ab, dann muss der Arbeitgeber ihn einseitig per Direktionsrecht auf diese Stelle versetzen. Sollte das mit dem Weisungsrecht nicht möglich sein, dann muss der Arbeitgeber eine Änderungskündigung aussprechen.

Die Prüfung der freien Arbeitsplätze erfolgt nach dem KSchG unternehmensbezogen. Das bedeutet, dass sich die Prüfung auf das ganze Unternehmen erstreckt. Ist ein Unternehmen beispielsweise an zwei Standorten tätig, erstreckt sich die Prüfung auf das gesamte Unternehmen, also auf beide Standorte.

5.1.3 Sozialauswahl

Nachdem eine unternehmerische Entscheidung getroffen worden ist und deren Umsetzung das Beschäftigungsbedürfnis entfallen lässt, ist festzulegen, welchem Mitarbeiter betriebsbedingt gekündigt wird. Dies herauszufinden, ist Aufgabe der Sozialauswahl.

Gemäß § 1 Abs. 3 Satz 1 KSchG ist zwingend eine Sozialauswahl vorzunehmen. *„Ist einem Arbeitnehmer aus dringenden betrieblichen Erfordernissen … gekündigt worden, so ist die Kündigung trotzdem sozial ungerechtfertigt, wenn der Arbeitgeber bei der Auswahl des Arbeitnehmers die* ***Dauer der Betriebszugehörigkeit****, das* ***Lebensalter****, die* ***Unterhaltspflichten*** *und die* ***Schwerbehinderung des Arbeitnehmers*** *nicht oder nicht ausreichend berücksichtigt hat; auf Verlangen des Arbeitnehmers hat der Arbeitgeber dem Arbeitnehmer die Gründe anzugeben, die zu der getroffenen sozialen Auswahl geführt haben …“*

Beispiel: *A ist 45 Jahre alt, seit 15 Jahren im Betrieb beschäftigt und zwei Kindern gegenüber zum Unterhalt verpflichtet. B ist 24 Jahre alt, seit zwei Jahren im Betrieb beschäftigt und ledig. In diesem Fall ist A aufgrund der längeren Betriebszugehörigkeit, des höheren Lebensalters und der umfangreicheren Unterhaltsverpflichtungen sozial schutzwürdiger als B. Die soziale Auswahl führt dazu, dass B zu kündigen ist.*

Die vier Sozialauswahlkriterien, die **Dauer der Betriebszugehörigkeit,** das **Lebensalter,** die **Unterhaltspflichten** und die **Schwerbehinderung** des Arbeitnehmers, stehen gleichwertig nebeneinander. Keinem der Kriterien wird eine herausragende Bedeutung beigemessen, dass man z.B. sagen kann, die Betriebszugehörigkeit ist immer wichtiger als die anderen. Nach dem Gesetzeswortlaut in § 1 Abs. 3 Satz 1 KSchG hat der Arbeitgeber die sozialen Gesichtspunkte „ausreichend" zu berücksichtigen. Dem Arbeitgeber steht bei der Gewichtung der Sozialkriterien deshalb ein Wertungsspielraum zu. Die Auswahlentscheidung muss nur vertretbar sein und nicht unbedingt der Entscheidung entsprechen, die das Gericht getroffen hätte, wenn es eigenverantwortlich soziale Erwägungen hätte anstellen müssen. Der dem Arbeitgeber vom Gesetz eingeräumte Wertungsspielraum führt dazu, dass nur deutlich schutzwürdigere Arbeitnehmer mit Erfolg die Fehlerhaftigkeit der sozialen Auswahl rügen können (BAG vom 02.06.2005 – 2 AZR 480/04).

In die Sozialauswahl sind alle Mitarbeiter miteinzubeziehen, die **rechtlich** und **tatsächlich** mit dem betroffenen Mitarbeiter vergleichbar sind:

- **Tatsächlich vergleichbar** sind Mitarbeiter, die austauschbar sind und per Weisungsrecht auf den anderen Platz versetzt werden können. Muss eine Änderungskündigung ausgesprochen werden, sind die Austauschbarkeit und damit die Vergleichbarkeit nicht gegeben. Zudem muss der Mitarbeiter aufgrund seiner Qualifikation bereits in der Lage sein, die Tätigkeit auszuüben. Eine Austauschbarkeit ist erst ausgeschlossen, wenn die betriebliche Spezialisierung und die aktuellen besonderen Umstände einen solchen Grad erreicht haben, dass ein Einsatz der zu kündigenden Arbeitnehmer auf dem Arbeitsplatz des „Spezialisten“ auch nach einer angemessenen Einarbeitungsfrist nicht möglich ist (BAG vom 05.06.2008 – 2 AZR 907/06).

- **Rechtlich vergleichbar** sind Mitarbeiter, die auf der gleichen Ebene der Betriebshierarchie beschäftigt sind. Mitarbeiter unterschiedlicher Hierarchiestufen werden nicht in einen Vergleich miteinbezogen.

Beispiel: *Das Unternehmen X verliert einen Auftrag, welcher 20 % des Gesamtumsatzes ausmacht. Der Geschäftsführer trifft daher die unternehmerische Entscheidung, das Produktionsvolumen an die neue Auftragslage anzupassen. In der Produktion sind fünf Mitarbeiter in Vollzeit beschäftigt. Die Umsetzung der unternehmerischen Entscheidung führt zum Wegfall des Beschäftigungsbedürfnisses für eine Vollzeitstelle in der Produktion. Gegenüber wem der fünf Produktionsmitarbeiter die Kündigung auszusprechen ist, entscheidet sich durch die Sozialauswahl. Die Produktionsmitarbeiter sind untereinander rechtlich und tatsächlich vergleichbar. Sie sind alle auf der gleichen Hierarchieebene und untereinander austauschbar. Von daher sind alle fünf Mitarbeiter in die Sozialauswahl miteinzubeziehen.*

5.2 Tipps, Fehlerquellen & häufige Fragen

5.2.1 Gibt es einen Anspruch auf Abfindung?

In den Köpfen einiger Mitarbeiter hält sich hartnäckig der Irrglaube, dass bei dem Ausspruch einer Kündigung pauschal ein Anspruch auf eine Abfindung besteht. Das deutsche Arbeitsrecht sieht mit Ausnahmen **keinen** allgemeinen Abfindungsanspruch vor. Ein Ausnahmefall ist im Zusammenhang mit der betriebsbedingten Kündigung relevant. Für Sie als Führungskraft ist das eine Option, die bei dem Ausspruch einer betriebsbedingten Kündigung in Betracht gezogen werden kann. In § 1a KSchG ist geregelt:

*„Kündigt der Arbeitgeber wegen dringender betrieblicher Erfordernisse nach § 1 Abs. 2 Satz 1 KSchG und erhebt der Arbeitnehmer bis zum Ablauf der Frist nach § 4 Satz 1 KSchG **keine Klage auf Feststellung**, dass das Arbeitsverhältnis durch die Kündigung nicht aufgelöst ist, hat der Arbeitnehmer mit dem Ablauf der Kündigungsfrist **Anspruch auf eine Abfindung**. Der Anspruch setzt den **Hinweis** des Arbeitgebers **in der Kündigungserklärung** voraus, dass die Kündigung auf **dringende betriebliche Erfordernisse** gestützt ist und der Arbeitnehmer bei **Verstreichenlassen der Klagefrist** die Abfindung beanspruchen kann. Die Höhe der Abfindung beträgt 0,5 Monatsverdienste für jedes Jahr des Bestehens des Arbeitsverhältnisses.“*

Nur wenn alle dieser Voraussetzungen vorliegen, besteht ein Abfindungsanspruch. Eine Kündigungserklärung dazu kann wie folgt formuliert werden:

„Ordentliche betriebsbedingte Kündigung gem. § 1a KSchG
Sehr geehrter Herr M,
hiermit kündigen wir das zwischen der XX GmbH und Ihnen bestehende Arbeitsverhältnis unter Einhaltung der vertraglich

vereinbarten Kündigungsfrist zum nächstzulässigen Termin, dies ist nach unserer Berechnung der 31. 12. 2017.
Die Kündigung wird auf dringende betriebliche Erfordernisse gestützt. Sofern Sie die Klagefrist von drei Wochen nach Zugang der schriftlichen Kündigung gemäß § 4 KSchG ohne die Erhebung einer Kündigungsschutzklage verstreichen lassen, können Sie eine Abfindung beanspruchen, deren Höhe 0,5 Monatsverdienste für jedes Jahr des Bestehens des Arbeitsverhältnisses beträgt. Dies sind nach unserer Berechnung 22 500,00 € brutto. Für den Fall, dass Sie gegen die Kündigung eine Kündigungsschutzklage einreichen, besteht dieser Anspruch nicht."

Aber auch ohne diesen rechtlichen Anspruch zahlen Arbeitgeber teilweise bei Beendigung von Arbeitsverhältnissen Abfindungsleistungen. Hintergrund ist, dass sich der Arbeitgeber mit einer Abfindungsleistung Rechtssicherheit erkauft und sich die Parteien auf die Beendigung des Arbeitsverhältnisses einigen. Ein Prozessrisiko (Niederlage vor Gericht) muss dann nicht mehr ausgestanden werden.

5.2.2 Leistungsträger sichern!

Zum Teil kann es für Sie als Führungskraft unbefriedigend sein, wenn das Ergebnis einer Sozialauswahl in Ihrem Team bzw. in Ihrer Abteilung ausgerechnet auf einen Ihrer Leistungsträger fällt. Diesbezüglich sieht § 1 Abs. 3 Satz 2 KSchG vor: „*In die soziale Auswahl … sind Arbeitnehmer nicht einzubeziehen, deren Weiterbeschäftigung, insbesondere wegen ihrer **Kenntnisse**, **Fähigkeiten** und **Leistungen** oder zur Sicherung einer ausgewogenen Personalstruktur des Betriebes, im berechtigten betrieblichen Interesse liegt.*"

Diese gesetzliche Regelung eröffnet für Sie als Führungskraft Gestaltungsspielraum, sodass leistungs- und kompetenzbezogene Interessen für den Arbeitgeber höher gewichtet werden können als soziale Gesichtspunkte. Als Führungskraft haben Sie somit die Möglichkeit, Ihre Leistungsträger zu benennen, deren Weiterbeschäftigung aufgrund deren Kenntnissen, Fähigkeiten und Leistungen unabdingbar für die Abteilung ist. Das Wort „insbesondere“ im Gesetzestext zeigt, dass diese Aufzählung nicht abschließend ist. Sie können folglich auch andere Gründe anführen, aufgrund derer die Weiterbeschäftigung im betrieblichen Interesse liegt, z. B. dass der Mitarbeiter M der zentrale Ansprechpartner für den wichtigsten Kunden ist.

Bei aller Gestaltungsoption: Die Sozialauswahl bleibt die Regel, die Herausnahme aus der Sozialauswahl die Ausnahme. Dieses Regel-Ausnahme-Verhältnis darf nicht auf den Kopf gestellt werden, indem man etwa den überwiegenden Teil der Belegschaft zu Leistungsträgern „erklärt“. Diese Strategie ist zu durchsichtig und wird das Arbeitsgericht nicht überzeugen.

5.2.3 Was tun bei Ablehnung einer freien Stelle?

Der Arbeitgeber trifft eine unternehmerische Entscheidung infolge deren Umsetzung für den Mitarbeiter das Beschäftigungsbedürfnis entfällt. Gleichzeitig existiert eine freie Stelle, die diesem Mitarbeiter angeboten wird. Der lehnt jedoch ab. Von daher macht es eigentlich keinen Sinn, die freie Stelle zwangsweise per Änderungskündigung zuzuweisen. Der Mitarbeiter hat ja durch die Ablehnung signalisiert, dass er kein Interesse hat, auf der freien Stelle zu arbeiten. Was machen Sie also als Führungskraft? Können Sie dann gleich eine betriebsbedingte Beendigungskündigung aussprechen?

Auch wenn der Mitarbeiter ablehnt, auf dem freien Arbeitsplatz zu arbeiten, ist der Arbeitgeber regelmäßig nach dem Verhältnismäßigkeitsgrundsatz verpflichtet, trotzdem eine Änderungskündigung auszusprechen. Eine Beendigungskündigung ist nur dann zulässig, wenn der Arbeitnehmer unmissverständlich zum Ausdruck gebracht hat, dass er die geänderten Arbeitsbedingungen im Fall des Ausspruchs einer Änderungskündigung nicht, auch nicht unter dem Vorbehalt ihrer sozialen Rechtfertigung, annehmen wird (vgl. BAG vom 21.04.2005 - 2 AZR 132/04). Meist wird es streitig sein, ob der Mitarbeiter das unmissverständlich zum Ausdruck gebracht hat. Von daher ist stets zu empfehlen, auf Nummer sicher zu gehen und eine Änderungskündigung auszusprechen. Sonst gehen Sie das Risiko ein, dass die betriebsbedingte Beendigungskündigung unwirksam ist, weil es eine Weiterbeschäftigungsmöglichkeit auf einem freien Arbeitsplatz gegeben hätte.

Die typischen Reaktionen eines Mitarbeiters auf den Ausspruch einer Kündigung und den Umgang damit sind im Kapitel „Kündigung, allgemein“ nachzulesen.

6 Personenbedingte Kündigung

***Fallbeispiel:** Abteilungsleiter A hat den Entschluss gefasst, sich von Mitarbeiter M zu trennen. Er plant, gegenüber M eine personenbedingte Kündigung auszusprechen, weil M in den letzten drei Monaten insgesamt sieben Wochen arbeitsunfähig erkrankt war.*

6.1 Rechtliche Grundlagen

Sozial ungerechtfertigt ist die Kündigung, wenn sie nicht durch Gründe, die **in der Person** oder in dem Verhalten des Arbeitnehmers liegen, oder durch dringende betriebliche Erfordernisse, die einer Weiterbeschäftigung des Arbeitnehmers in diesem Betrieb entgegenstehen, bedingt ist (vgl. § 1 Abs. 2 Satz 1 KSchG). Positiv formuliert: Sie brauchen als Führungskraft einen Kündigungsgrund – dieser Grund kann unter anderem **in der Person des Arbeitnehmers** liegen.

Das Kündigungsschutzgesetz definiert **nicht**, was unter Gründen, die in der Person liegen, zu verstehen ist. Das Bundesarbeitsgericht konkretisiert diese Gründe als:

- Umstände, die auf einer in der Sphäre des Arbeitnehmers liegenden „Störquelle" beruhen (BAG vom 24.02.2005 – 2 AZR 211/04),
- Umstände, die persönliche Eigenschaften und Fähigkeiten des Mitarbeiters betreffen (BAG vom 23.05.2013 – 2 AZR 120/12),
- Verlust von Fähigkeit und Eignung mit der Folge, dass die vertraglich vereinbarte Arbeitsleistung nicht oder nicht mehr vollständig erbracht werden kann (BAG vom 21.04.2016 – 2 AZR 609/15).

Der Hauptanwendungsfall der personenbedingten Kündigung ist die Kündigung wegen Krankheit des Arbeitnehmers. Unter Krankheit sind dabei sämtliche psychischen und physischen Erkrankungen zu verstehen, damit auch Suchtkrankheiten (z.B. Alkoholabhängigkeit).

6.1.1 Hauptanwendungsfall: Krankheit

Das BAG prüft die Wirksamkeit einer personenbedingten Kündigung wegen Krankheit in **drei Stufen** (vgl. Bild 4):

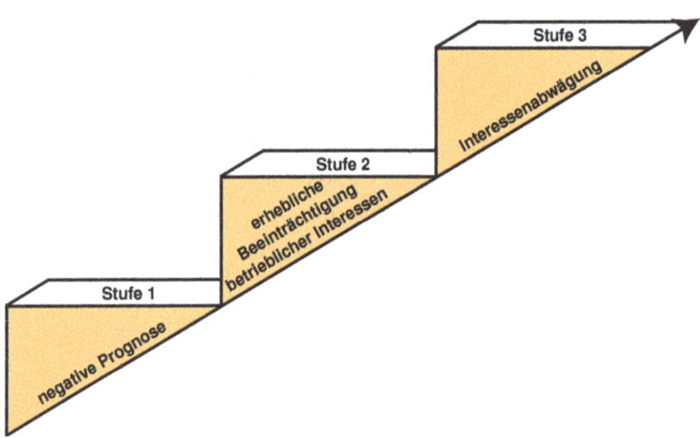

Bild 4: *Drei-Stufen-Prüfung bei der personenbedingten Kündigung wegen Krankheit*

Stufe 1: Negative Prognose

Es müssen zum Kündigungszeitpunkt objektive Tatsachen vorliegen, die die Besorgnis weiterer Erkrankungen im bisherigen Umfang befürchten lassen (vgl. BAG vom 20.11.2014 – 2 AZR 755/13). Mit anderen Worten: Es muss eine **negative Prognose** vorliegen.

Regelmäßig dienen die Krankheitszeiträume in der Vergangenheit als Indiz für zukünftige weitere Erkrankungen. Durch das Prinzip der negativen Prognose wird, ähnlich wie bei der verhaltensbedingten Kündigung, deutlich, dass die personenbedingte Kündigung wegen Krankheit nicht als Strafe für Krankheit in der Vergangenheit zu sehen ist, sondern zukünftig ausgerichtet ist mit der Zielrichtung, zukünftige unzumutbare Belastungen des Arbeitgebers zu vermeiden.

Stufe 2: Erhebliche Beeinträchtigung betrieblicher Interessen

Die prognostizierten Fehlzeiten müssen außerdem zu einer **erheblichen Beeinträchtigung betrieblicher Interessen** führen (vgl. BAG vom 20.11.2014 – 2 AZR 755/13). Die bloße Gefährdung betrieblicher Interessen ist dafür nicht ausreichend.

Die erheblichen Beeinträchtigungen können in Betriebsablaufstörungen (z.B. wesentliche Störungen im Arbeitsablauf, Produktionsausfall, Verlust von Kundenaufträgen, nicht beschaffbares Ersatzpersonal vgl. BAG vom 02.11.1983 – 7 AZR 272/82) liegen. Zudem kommen wirtschaftliche Belastungen in Betracht, insbesondere durch mehr als sechs Wochen pro Jahr übersteigende Entgeltfortzahlungskosten (vgl. BAG vom 20.11.2014 – 2 AZR 755/13).

Stufe 3: Interessenabwägung

Im Rahmen der gebotenen **Interessenabwägung** ist schließlich zu prüfen, ob die Beeinträchtigungen vom Arbeitgeber dennoch hingenommen werden müssen (vgl. BAG vom 20.11.2014 – 2 AZR 755/13).

Im Rahmen der Interessenabwägung finden **zugunsten des Mitarbeiters** folgende Umstände Berücksichtigung:

- Sozialdaten des Mitarbeiters (Alter, Familienstand, Unterhaltsverpflichtungen, Schwerbehinderung),
- Dauer der Betriebszugehörigkeit,
- Krankheitsursache (liegt die Ursache in einem Betriebsunfall, kann dem Arbeitgeber in der Regel mehr zugemutet werden, als wenn die Ursache in einem Unfall liegt, welcher zur Arbeit keinen Bezug hat).

Zugunsten des Arbeitgebers finden Berücksichtigung:

- Ausmaß und Schwere der Betriebsablaufstörungen,
- Ausmaß und Schwere der wirtschaftlichen Belastungen.

Zudem ist im Rahmen der Verhältnismäßigkeit (Ultima Ratio) auch bei der personenbedingten Kündigung zu prüfen, ob ein milderes Mittel als der Ausspruch einer Kündigung besteht und damit die Beendigung des Arbeitsverhältnisses vermieden werden kann. In Betracht kommen:

- Versetzung des Arbeitnehmers,
- Umschulungsmaßnahmen,
- Fortbildungsmaßnahmen,
- Angebot eines freien, auch schlechteren, Arbeitsplatzes,
- Änderung von Arbeitsaufgaben,
- Umverteilung von Aufgaben,
- Umgestaltung des bisherigen Arbeitsbereiches.

6.1.2 Fallgruppen der personenbedingten Kündigung wegen Krankheit

Die personenbedingte Kündigung wegen Krankheit lässt sich in drei Fallgruppen unterteilen (vgl. Bild 5):

- lang andauernde Krankheit,
- häufige Kurzzeiterkrankungen und
- krankheitsbedingte Leistungsminderung.

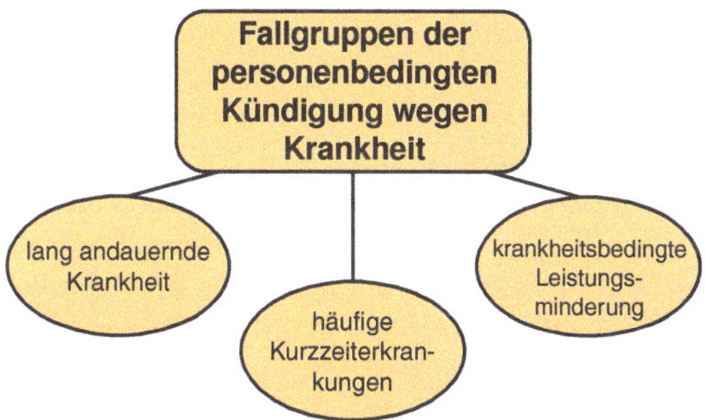

Bild 5: *Fallgruppen der personenbedingten Kündigung wegen Krankheit*

Lang andauernde Krankheit

Es existieren keine festen Regelungen, ab welchem Zeitrahmen konkret und unwiderleglich bei einer lang andauernden Erkrankung von einer negativen Prognose auszugehen ist. Bei lang andauernden Erkrankungen befindet sich der Mitarbeiter in der Regel außerhalb der Lohnfortzahlung. Erhebliche finanzielle Beeinträchtigungen lassen sich damit also nicht begründen. Auch ohne feste Regelungen lässt sich aus der Rechtsprechung des BAG vom 20.11.2014 – 2 AZR 664/13 zumindest ableiten, wie die Arbeitsgerichte mit lang andauernden Erkrankungen umgehen: *„Ist der Arbeitnehmer dauerhaft außer Stande, die vertraglich geschuldete Arbeitsleistung zu erbringen, ist eine* ***negative Prognose*** *hinsichtlich der künftigen Entwicklung des Gesundheitszustands* ***indiziert****. Der* *dauernden Leistungsunfähigkeit steht die völlige Ungewissheit der Wiederherstellung der Arbeitsfähigkeit gleich. Eine solche Ungewissheit besteht, wenn in absehbarer Zeit nicht mit einer positiven Entwicklung gerechnet werden kann. Als absehbar ist in diesem Zusammenhang ein* ***Zeitraum von bis zu 24 Monaten*** *anzusehen. Die entsprechende Ungewissheit führt zu einer grundsätzlich nicht näher darzulegenden* ***erheblichen Beeinträchtigung betrieblicher Interessen****. Sie besteht darin, dass der Arbeitgeber auf unabsehbare Zeit gehindert ist, sein Direktionsrecht auszuüben und die Arbeitsleistung des Arbeitnehmers abzurufen. In einem solchen Fall fehlt es in aller Regel an einem schutzwürdigen Interesse des Arbeitnehmers an der Aufrechterhaltung des Arbeitsverhältnisses.“*

Im **Fallbeispiel** kann aufgrund der Erkrankung des M im Umfang von sieben Wochen nicht von einer lang andauernden Krankheit gesprochen werden.

Häufige Kurzzeiterkrankungen

Häufige Kurzzeiterkrankungen und die eventuell daraus resultierende, immer erneut beginnende Lohnfortzahlung von bis zu sechs Wochen treffen den Arbeitgeber sowohl finanziell als auch meist im Betriebsablauf härter und unerwarteter als lang andauernde Erkrankungen, auf die man sich durch eine dauerhafte Personalreserve einstellen kann. Wirtschaftliche Belastungen, etwa durch zu erwartende Entgeltfortzahlungskosten, die einen Zeitraum von sechs Wochen pro Jahr übersteigen, können zu einer Beeinträchtigung betrieblicher Interessen führen (vgl. BAG vom 08.11.2007 – 2 AZR 292/06).

Bei der anzustellenden Zukunftsprognose kann auf die Fehlzeiten in der Vergangenheit zurückgegriffen werden – mit Ausnahme von Krankheiten, die ausgeheilt sind (z.B. Knochenbrüche), bei welchen sich für die Zukunft keine Wiederholungsgefahr ergibt. Ab welchen Fehlzeiten in der Vergangenheit von einer negativen Prognose gesprochen werden kann, kann nicht beantwortet werden und folgt keinen festen Regeln.

Im **Fallbeispiel** kann aufgrund der Erkrankung des M im Umfang von sieben Wochen nicht von häufigen Kurzzeiterkrankungen gesprochen werden, welche geeignet sind, eine erhebliche betriebliche Beeinträchtigung darzustellen.

Krankheitsbedingte Leistungsminderung

Bei der krankheitsbedingten Leistungsminderung ist der Arbeitnehmer **nicht** arbeitsunfähig erkrankt und zu Hause. Vielmehr ist er in der Arbeit anwesend, erbringt aber keine dem Vertragsinhalt qualitativ und quantitativ entsprechende Arbeitsleistung (vgl. BAG 26.09.1991 – 2 AZR 132/91).

Entgegen der Ausgangslage bei den häufigen Kurzzeiterkrankungen ergibt sich bei der krankheitsbedingten Leistungsminderung die Beeinträchtigung betrieblicher Interessen nicht aufgrund der Belastung mit Lohnfortzahlungskosten, da der Arbeitnehmer ja anwesend ist und Arbeitsleistung erbringt. Allerdings steht der Lohnzahlung keine qualitativ und quantitativ entsprechende Arbeitsleistung gegenüber, was ab einem gewissen Maß dazu führen kann, dass es dem Arbeitgeber nicht mehr zumutbar ist, an dem unveränderten Arbeitsvertrag festzuhalten. Um von einer erheblichen betrieblichen Beeinträchtigung zu sprechen, genügt nicht jede geringfügige Minderleistung. Ein sich aus unterschiedlicher Leistungsfähigkeit ergebendes Ungleichgewicht haben Arbeitgeber und Mitarbeiter in gewissem Rahmen hinzunehmen (vgl. BAG vom 20.03.2014 – 2 AZR 825/12).

Das Bundesarbeitsgericht hat eine erhebliche Beeinträchtigung betrieblicher Interessen bei einer Minderleistung eines schwerbehinderten Menschen von **33,3%** (1/3) festgestellt (vgl. BAG vom 26.09.1991 – 2 AZR 132/91).

Zusammenfassend ergibt sich damit für die personenbedingte Kündigung wegen Krankheit die in Bild 6 dargestellte grobe Prüfstruktur.

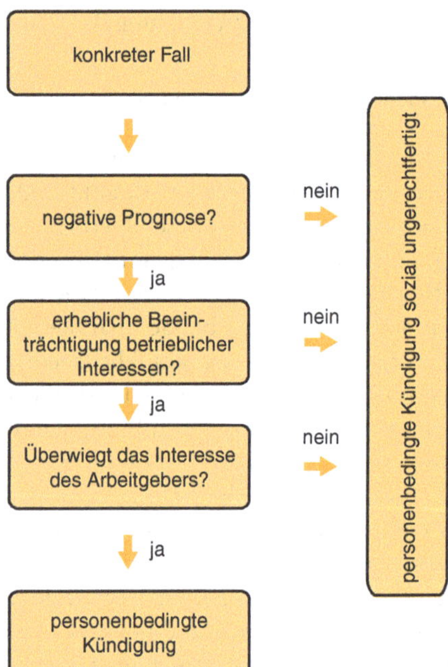

Bild 6: *Grobe Prüfstruktur der personenbedingten Kündigung wegen Krankheit*

Weitere Anwendungsfälle der personenbedingten Kündigung

Der Vollständigkeit halber sei erwähnt, dass es neben der personenbedingten Kündigung aufgrund von Krankheit weitere Kündigungsgründe geben kann, welche die Ursache in der Person des Arbeitnehmers haben. In Betracht kommen unter anderem:

- Haft des Mitarbeiters und damit verbundene Unmöglichkeit, die Arbeitsleistung zu erbringen,
- fehlende Qualifikation (z.B. der Arzt verliert seine Approbation),
- fehlende Arbeitserlaubnis.

6.2 Tipps, Fehlerquellen & häufige Fragen

6.2.1 Prozessbeschäftigungsverhältnis anbieten!

Als Arbeitgeber tragen Sie regelmäßig das Risiko von Annahmeverzugslohnansprüchen während eines Verfahrens vor dem Arbeitsgericht, falls der Mitarbeiter Kündigungsschutzklage gegen die personenbedingte Kündigung eingelegt hat. Folgendes Szenario kann sich verwirklichen: *Abteilungsleiter A spricht im Januar eine personenbedingte Kündigung aufgrund von Krankheit gegenüber M aus. M legt innerhalb von drei Wochen Kündigungsschutzklage vor dem zuständigen Arbeitsgericht ein. Bis zum Ablauf der Kündigungsfrist zum 31.03.2017 ist M weiterhin krank. Ab April tritt eine „Spontanheilung“ ein. M erbringt jedoch seine Tätigkeit nicht mehr, weil die Kündigungsfrist abgelaufen ist. Das Arbeitsgericht entscheidet im Monat Dezember, dass die gegenüber M ausgesprochene Kündigung sozial nicht gerechtfertigt ist. Infolge der Tatsache, dass die Kündigung unwirksam ist, schuldet der Arbeitgeber nunmehr sämtliche Gehälter von April bis Dezember – denn M war ab April gesund und hätte seiner Tätigkeit nachgehen können (Annahmeverzugslohn).*

In dem beschriebenen Szenario verwirklicht sich das volle Annahmeverzugslohnrisiko. Hier hat der Arbeitgeber die Verpflichtung, neun Monatsgehälter nachzuzahlen.

Bieten Sie dem Mitarbeiter ein befristetes Prozessbeschäftigungsverhältnis an!

Inhalt dieses Angebots ist Folgendes:

„Vereinbarung einer befristeten Prozessbeschäftigung

Vor dem Hintergrund des beim Arbeitsgericht München (Az.: 12 Ca 34567/89) anhängigen Rechtsstreits wird Folgendes vereinbart:

Der Arbeitgeber hält an seiner Auffassung fest, wonach das Arbeitsverhältnis mit dem Arbeitnehmer durch die Kündigung vom 22. 02. 2017 mit Ablauf des 31. 03. 2017 wirksam sein Ende gefunden hat. Aus Gründen der Schadensminimierungspflicht des Arbeitnehmers und der Abwendung eines möglichen Annahmeverzugsrisikos des Arbeitgebers vereinbaren die Parteien folgendes Prozessbeschäftigungsverhältnis:

1. *Die Parteien sind sich einig, dass der Arbeitnehmer ab dem 01. 04. 2017 befristet bis zur rechtskräftigen Beendigung des beim Arbeitsgericht München unter dem Az.: 12 Ca 34567/89 anhängigen Rechtsstreits weiterbeschäftigt wird.*
2. *Für die Dauer dieser befristeten Prozessbeschäftigung finden ansonsten die bisherigen arbeitsvertraglichen Bedingungen Anwendung, insbesondere wird der Arbeitgeber die bisherige vertragsgemäße Vergütung zahlen.*

3. *Das Prozessbeschäftigungsverhältnis ist beiderseits vorzeitig ordentlich kündbar. Die Kündigung bedarf der Schriftform."*

Entsprechend der Reaktion des Mitarbeiters gilt dann:

- Nimmt der Mitarbeiter das Prozessbeschäftigungsverhältnis an, ist er verpflichtet, auch nach Ablauf der Kündigungsfrist seine Arbeitsleistung zu erbringen. In diesem Fall erhalten Sie eine Gegenleistung für die Gewährung von Gehalt. Das ist finanziell gesehen besser, als neun Monate Lohn nachzuzahlen, ohne dafür eine Gegenleistung erhalten zu haben. Es kann Ihnen passieren, dass sich der Mitarbeiter auch in der Folge krankmeldet. In diesem Fall stärkt das die von Ihnen behauptete negative Prognose, weil sich genau das herausstellt, was Sie befürchten: Weitere Krankheit!
- Lehnt der Mitarbeiter das Prozessbeschäftigungsverhältnis ab, kann er später keinen Lohn fordern, da der Arbeitgeber ihm ja angeboten hat, die Tätigkeit befristet bis zum Abschluss des Kündigungsschutzverfahrens fortzusetzen.

In der Praxis zeigt sich, dass „Spontanheilungen" nach Ablauf der Kündigungsfrist weniger wahrscheinlich sind, wenn ein Prozessbeschäftigungsverhältnis angeboten worden ist.

> Es ist dringend zu empfehlen, dass eine von beiden Parteien im Original unterzeichnete befristete Prozessbeschäftigungsvereinbarung vor Arbeitsantritt nach Ablauf der Kündigungsfrist vorliegt. Dies soll verhindern, dass der Mitarbeiter später vorbringt, dass die Befris-

tung unwirksam ist und damit wieder ein unbefristetes Arbeitsverhältnis eingegangen worden ist. Hintergrund ist folgender: Wird ein befristeter Arbeitsvertrag erst nach dem Dienstantritt entworfen und unterschrieben, kommt das Arbeitsverhältnis unbefristet zustande. Gleiches gilt für den Abschluss eines befristeten Prozessbeschäftigungsverhältnisses (vgl. BAG vom 22.10.2003 - 7 AZR 113/03).

6.2.2 Verdacht: Mitarbeiter „macht blau"

Gemäß § 5 Abs. 1 Satz 1 und 2 Entgeltfortzahlungsgesetz gilt, sofern im Arbeitsvertrag bzw. kollektivrechtlich nichts anderes geregelt ist: „*Der Arbeitnehmer ist verpflichtet, dem Arbeitgeber die Arbeitsunfähigkeit und deren voraussichtliche Dauer unverzüglich mitzuteilen. Dauert die Arbeitsunfähigkeit länger als drei Kalendertage, hat der Arbeitnehmer eine ärztliche Bescheinigung über das Bestehen der Arbeitsunfähigkeit sowie deren voraussichtliche Dauer spätestens an dem darauffolgenden Arbeitstag vorzulegen.*"

Es mag Fälle geben, in welchen Sie Ihrem Mitarbeiter nicht glauben, dass dieser arbeitsunfähig erkrankt ist. Liegt eine ärztliche Bescheinigung vor, ist diese jedoch durch den Arbeitgeber nur schwer angreifbar. Trotzdem sind Sie als Arbeitgeber in diesen Fällen nicht vollkommen handlungsunfähig. Es existieren drei Eskalationsstufen:

- Gemäß § 5 Abs. 1 Satz 3 Entgeltfortzahlungsgesetz kann der Arbeitgeber die Vorlage der ärztlichen Bescheinigung früher verlangen. Weisen Sie den Mitarbeiter an, dass dieser bereits **ab dem ersten Tag der Krankheit eine ärztliche Bescheinigung vorzulegen hat.** Der Mitarbeiter ist dadurch gezwungen, bereits am ersten Tag der Krankheit einen Arzt aufzusuchen. Es besteht nun nicht mehr die Möglichkeit, einen, zwei oder gar drei Tage daheim zu bleiben, ohne im Anschluss eine ärztliche Bescheinigung vorlegen zu müssen. Diese Vorgehensweise ist besonders bei häufigen Kurzzeiterkrankungen zu empfehlen.

- **Schalten Sie den Medizinischen Dienst der Krankenversicherung (MDK) ein,** wenn Sie Zweifel an der Arbeitsunfähigkeit des Mitarbeiters haben. Der MDK wird ein Gutachten über die Arbeitsunfähigkeit des Mitarbeiters erstellen. Diese Vorgehensweise steht Ihnen nur bei Mitgliedern der gesetzlichen Krankenversicherung zur Verfügung – nicht bei privat krankenversicherten Mitarbeitern. Das Verfahren wird durch ein Schreiben an die Krankenversicherung des betreffenden Mitarbeiters eingeleitet, in welchem Sie die Tatsachen darzulegen haben, welche Ihrer Ansicht nach Zweifel an der Arbeitsunfähigkeit begründen.
- Die Einschaltung eines **Privatdetektivs** ist nach der Rechtsprechung des BAG an enge Voraussetzungen geknüpft. Die Überwachung des Mitarbeiters im privaten Umfeld außerhalb der Betriebsstätte ist nur dann zulässig, wenn ein konkreter Verdacht einer schwerwiegenden Pflichtverletzung besteht, der auf Tatsachen beruht (vgl. BAG vom 29.06.2017 – 2 AZR 597/16). Ein bloßes „flaues Gefühl“ in der Magengegend bezüglich der Arbeitsunfähigkeit wird diesen Anforderungen nicht gerecht.

6.2.3 Keine Abmahnung im Vorfeld erforderlich

Vor Ausspruch einer personenbedingten Kündigung ist es nicht erforderlich, eine Abmahnung auszusprechen. Dies ergibt sich aus dem Charakter der personenbedingten Kündigung:

- Bei der verhaltensbedingten Kündigung wird abgemahnt, weil es sich um **steuerbares Verhalten** des Mitarbeiters handelt. Der Mitarbeiter hat Einfluss darauf, ob er zukünftig weitere Pflichtverletzungen begeht oder nicht. Deshalb ist der Ausspruch einer Abmahnung bei Pflichtverletzungen auch sinnvoll.
- Bei einem in der Person liegenden Grund wird die Steuerbarkeit und Einflussnahme weitestgehend ausgeschlossen. Eine schwerwiegende Erkrankung ist **nicht kontrollier- und steuerbar,** das Verhalten, beispielsweise zukünftig beim Rauchen während der Arbeitszeit „auszustempeln“, dagegen schon. Bei der personenbedingten Kündigung kann der Mitarbeiter die geschuldete Leistung nicht erbringen, auch wenn er will. Aus diesem Grund ist auch der Ausspruch einer Abmahnung bei personenbedingten Gründen nicht sinnvoll – und ist deshalb auch nicht Voraussetzung.

6.2.4 Betriebliches Eingliederungsmanagement nutzen!

Die Durchführung eines Betrieblichen Eingliederungsmanagements (BEM) ist in § 84 Abs. 1 SGB IX geregelt. Sind Beschäftigte innerhalb eines Jahres länger als sechs Wochen ununterbrochen oder wiederholt arbeitsunfähig, klärt der Arbeitgeber unter Hinzuziehung des Betriebsrats/Personalrats und mit Zustimmung und Beteiligung der betroffenen Person die Möglichkeit, wie die Arbeitsunfähigkeit möglichst überwunden und mit welchen Leistungen oder Hilfen erneuter Arbeitsunfähigkeit vorgebeugt und der Arbeitsplatz erhalten werden kann. Das BEM ist von der Zustimmung des betroffenen Mitarbeiters abhängig. Verweigert dieser die Zustimmung, kann kein BEM stattfinden. Ebenso ist der Arbeitgeber nicht verpflichtet, ein BEM durchzuführen.

Sowohl bei Mitarbeitern als auch bei Führungskräften erweckt das Betriebliche Eingliederungsmanagement zum Teil keine positiven Assoziationen. Mitarbeiter befürchten, dass das BEM nur Vorstufe zur Kündigung ist. Führungskräfte werden oft mit der Aussage zitiert: *„Das BEM bringt doch sowieso nichts!“*

Erfahrungsgemäß ist das Instrument des BEM, wenn es ernst genommen und sachgerecht umgesetzt wird, dazu geeignet, einen außerordentlichen Beitrag zur Reduzierung zukünftiger Krankheitszeiten zu leisten. Es mag Fälle geben, in welchen das BEM nur pro forma als Vorbereitung zur Kündigung durchgeführt wird, ebenso Fälle, in welchen von Anfang an klar ist, dass das BEM zu keinem Erfolg führen wird. Das ändert aber nichts daran, dass dieses Instrument seine Berechtigung hat. Mit professioneller Durchführung des BEM wird sich im Betrieb auch eine Kultur entwickeln, die mit dem BEM einen positiven Ansatz in Verbindung bringt und es als Chance sieht.

Das Gesetz knüpft an die Nichtdurchführung eines BEM keine unmittelbare Sanktion. Die Nichtdurchführung hat jedoch später, in einem etwaigen Kündigungsschutzverfahren, Auswirkungen auf die Darlegungs- und Beweislast. Für den

Arbeitgeber wird es dann weitaus schwieriger, darzulegen, dass keine alternativen leidensgerechten Arbeitsplätze in Betracht kommen. Mit durchgeführtem BEM tut er sich leichter. Denn Teil des BEM ist die Prüfung, ob der Arbeitsplatz umgestaltet werden kann oder eine Weiterbeschäftigung zu geänderten Bedingungen in Betracht kommt. Das Gericht erkennt diese Prüfung an und sieht demnach die diesbezügliche Darlegungs- und Beweislast beim Arbeitnehmer.

Die typischen Reaktionen eines Mitarbeiters auf den Ausspruch einer Kündigung und den Umgang damit sind im Kapitel „Kündigung, allgemein“ nachzulesen.

7 Personalgespräch

Fallbeispiel: *Abteilungsleiter A möchte Mitarbeiter M einen Aufhebungsvertrag anbieten. Zu diesem Zweck setzt er ein Personalgespräch an, um mit M über die Beendigungsmodalitäten zu sprechen. M verweigert die Teilnahme an einem Personalgespräch mit diesem Inhalt. Zu Recht?*

7.1 Rechtliche Grundlagen

7.1.1 Inhalte des Personalgesprächs

Die Inhalte eines Personalgesprächs können vielfältig sein, wobei stets maßgeblich ist, dass ein sachlicher Zusammenhang mit dem Arbeitsverhältnis besteht. Inhalte eines Personalgesprächs können sein:

- Inhalt, Ort und Zeit der Arbeitsleistung,
- Ordnung und Verhalten des Arbeitnehmers im Betrieb,
- (Team-)Konflikte,
- Personalentwicklung,
- heikle Themen (z. B. wenn der Mitarbeiter „riecht" oder sich in einer Lebenskrise befindet),
- Fehleranalysen, Kritik,
- Qualität der Arbeitsleistung,
- Organisation der Zusammenarbeit,
- Anerkennung, Feedback
- etc.

7.1.2 Ort und Zeit des Personalgesprächs

In den meisten Fällen findet das Personalgespräch am **Arbeitsort** des Mitarbeiters statt. Arbeitet der Mitarbeiter regelmäßig im Homeoffice, können Sie als Führungskraft anordnen, dass der Mitarbeiter sich zu dem Gespräch in den Räumlichkeiten des Arbeitgebers einfindet.

Wird ein anderer Ort für das Personalgespräch gewählt, ist dies grundsätzlich aufgrund des Weisungsrechts möglich. Sie sollten als Führungskraft jedoch darauf achten, bei Ihrer Entscheidung die Grundsätze des „billigen Ermessens" zu berücksichtigen. Ihre Entscheidung muss insoweit auch die Interessen des Mitarbeiters berücksichtigen und darf nicht vollkommen willkürlich und ohne sachlichen Grund erfolgen. So entspricht beispielsweise die Anordnung, für ein Personalgespräch von München (Arbeitsstelle) nach Hamburg zu reisen, nur weil sich zufällig die Führungskraft an diesem Tag in Hamburg aufhält, nicht billigem Ermessen. Eine Ortswahl darf auch nicht zur Schikane oder Maßregelung des Mitarbeiters eingesetzt werden.

Der Arbeitgeber trägt die Kosten, wenn das Personalgespräch an einem anderen Ort als dem Arbeitsort stattfindet. Er ist dann verpflichtet, die Reisekosten des Arbeitnehmers zu erstatten. Zudem ist die Reisezeit als Arbeitszeit gutzuschreiben.

Mittels der Ausübung des Weisungsrechts bestimmen Sie als Führungskraft den konkreten Termin (**Zeit**) des Personalgesprächs. Sie sind dabei angehalten, das Personalgespräch innerhalb der regelmäßigen Arbeitszeit des Mitarbeiters anzusetzen. Arbeitet der Mitarbeiter ausschließlich an Wochenenden oder in der Nacht, dann ist es auch möglich, den Mitarbeiter nach vorheriger Absprache tagsüber unter der Woche einzubestellen. Verzichten Sie aber darauf, den Gesprächstermin auf unübliche Zeiten festzulegen. Wenn z. B. die werksübliche Arbeitszeit von 8.00 Uhr bis 16.30 Uhr dauert, dann ist eine Terminierung auf 21.00 Uhr abends grundsätzlich nicht „billig“.

7.2 Tipps, Fehlerquellen & häufige Fragen

7.2.1 Pflicht zur Teilnahme am Personalgespräch: Ja oder nein?

Ob der Mitarbeiter verpflichtet ist, an dem terminierten Personalgespräch teilzunehmen, hängt vom Inhalt des Gesprächs ab. **Eine Pflicht zur Teilnahme** besteht immer dann, wenn es um Themen geht, welche dem Weisungsrecht (vgl. § 106 GewO) des Arbeitgebers unterliegen. Dies bedeutet, geht es um die Konkretisierung von Inhalt, Ort und Zeit der Arbeitsleistung bzw. Ordnung und Verhalten des Mitarbeiters im Betrieb, dann besteht eine Pflicht zur Teilnahme an dem Personalgespräch. Klassische Themen, bei denen der Mitarbeiter verpflichtet ist, zu erscheinen, sind z. B. die Performance des Mitarbeiters, Aufgabenverteilung, Konflikte mit Kollegen der Abteilung bzw. anderen Abteilungen, Fehleranalysen oder Personalentwicklung.

Der Inhalt des Personalgesprächs kann jedoch auch so gestaltet sein, dass **keine Pflicht zur Teilnahme** an dem Gespräch besteht. Dies ist zunächst der Fall, wenn es sich um Themen handelt, die keinen sachlichen Zusammenhang mit dem Arbeitsverhältnis haben, wie z. B. die Urlaubserlebnisse des Mitarbeiters oder anderweitige Einblicke in das Privatleben. Zudem besteht keine Pflicht zur Teilnahme, wenn es um inhaltliche Änderungen des Arbeitsvertrages geht bzw. um dessen Beendigung (Aufhebungsvertrag).

Das Weisungsrecht gibt dem Arbeitgeber nur die Möglichkeit, zu konkretisieren (näher zu bestimmen), was bereits im Arbeitsvertrag vereinbart ist, aber nicht, inhaltlich etwas im Arbeitsvertrag zu verändern. Dazu braucht es immer die Zustimmung des Mitarbeiters – das geht nicht einseitig. Wenn es konkret um inhaltliche Änderungen des Arbeitsvertrages geht, dann besteht keine Pflicht zur Teilnahme am Personalgespräch (vgl. BAG vom 23.06.2009 – 2 AZR 606/08). Das betrifft beispielsweise Gespräche über die Reduzierung der Vergütung, die Reduzierung der Kündigungsfrist oder die Einschränkung des im Arbeitsvertrag fest umrissenen Aufgabengebietes.

Ebenso besteht für den Mitarbeiter keine Pflicht, zu erscheinen, wenn die Weisung zur Teilnahme an dem Personalgespräch nicht „billigem Ermessen" entspricht, wenn es beispielsweise um Mitternacht stattfinden soll oder der Ort aus Schikane sehr weit vom Arbeitsort weg gewählt wird.

Sanktionen bei Nichtteilnahme an einem Personalgespräch

Eventuelle Sanktionen sind davon abhängig, ob eine Pflicht zur Teilnahme an einem Personalgespräch besteht oder nicht:

- Besteht eine **Pflicht zur Teilnahme,** und der Mitarbeiter kommt nicht, können Sie als Führungskraft den Mitarbeiter wegen dieses Verstoßes gegen arbeitsvertragliche Pflichten abmahnen. Im Wiederholungsfall kann das Arbeitsverhältnis gekündigt werden.
- Besteht **keine Pflicht zur Teilnahme,** und der Mitarbeiter erscheint nicht, können Sie als Führungskraft keine Abmahnung aussprechen, da das Verhalten des Mitarbeiters dann keinen Verstoß gegen arbeitsvertragliche Pflichten darstellt. In diesem Fall kann die Weigerung, an dem Gespräch teilzunehmen, nicht sanktioniert werden.

7.2.2 Personalgespräch während Krankheit?

Der arbeitsunfähig erkrankte Mitarbeiter ist grundsätzlich **nicht verpflichtet**, an einem vom Arbeitgeber angeordneten Personalgespräch teilzunehmen (vgl. LAG Nürnberg vom 01.09.2015 – 7 Sa 592/14).

Wie so oft gibt es im Arbeitsrecht jedoch keinen Grundsatz ohne Ausnahme. In seiner Entscheidung vom 02.11.2016 (10 AZR 596/15) führt das BAG dazu aus: „*Während der Dauer einer krankheitsbedingten Arbeitsunfähigkeit kann der Arbeitgeber den Arbeitnehmer nur dann anweisen, zu einem Personalgespräch in den Betrieb zu kommen, wenn hierfür ein **dringender betrieblicher Anlass** besteht, der einen Aufschub der Weisung auf einen Zeitpunkt nach Beendigung der Arbeitsunfähigkeit nicht gestattet, und die persönliche Anwesenheit des Arbeitnehmers im Betrieb **dringend erforderlich ist und ihm zugemutet werden kann** … Nach dieser Maßgabe darf der Arbeitgeber den erkrankten Arbeitnehmer etwa anweisen, mit ihm ein kurzes Personalgespräch zu führen, wenn der Arbeitnehmer über Informationen zu wichtigen betrieblichen Abläufen oder Vorgängen verfügt, ohne deren Weitergabe dem Arbeitgeber die Fortführung der Geschäfte erheblich erschwert oder gar unmöglich würde. Voraussetzung für solche Gespräche ist allerdings stets, dass sie nicht auf einen Zeitpunkt nach Beendigung der Arbeitsunfähigkeit aufschiebbar und dem Arbeitnehmer zumutbar sind. Auch wenn diese Anforderungen erfüllt sind, ist der Arbeitgeber nur ausnahmsweise berechtigt, den erkrankten Arbeitnehmer anzuweisen, im Betrieb zu erscheinen. Voraussetzung dafür ist, dass die persönliche Anwesenheit des Arbeitnehmers im Betrieb dringend erforderlich ist.*“

7.2.3 Umgang mit Reaktionen des Mitarbeiters

„Ich möchte vorher wissen, um was es geht"

Diese Antwort bekommt man öfter zu hören, insbesondere wenn Einladungen über den Outlook-Kalender versendet werden, aus dem die geplanten Gesprächsinhalte nicht ersichtlich sind, oder wenn einfach zu einem „Personalgespräch" eingeladen wird. Wenn Ihnen der Mitarbeiter diese Antwort auf die Einladung zu einem Personalgespräch entgegenhält, dann legen Sie die Karten auf den Tisch und antworten Sie ehrlich. Nur dann ist es dem Mitarbeiter möglich, zu prüfen, ob eine Teilnahmepflicht besteht oder nicht. Zudem gibt es dem Mitarbeiter die Möglichkeit, sich auf das Thema vorzubereiten. Das steigert die Effizienz des Treffens und die Qualität der Ergebnisse.

„Ich bringe meinen Anwalt mit"

Das LAG Hamm hat am 23.05.2001 (14 Sa 497/01) entschieden, dass der Mitarbeiter in der Regel nicht verlangen kann, dass zu anstehenden Personalgesprächen die Anwesenheit seines Anwalts zugelassen wird. Das LAG begründet diesen Ansatz wie folgt: *„Denn die Teilnahme an Personalgesprächen gehört zum selbstverständlichen Pflichtenkreis des Arbeitnehmers, welcher die eigentliche Kernpflicht, nämlich die Leistung entgeltlicher Arbeit, umgibt. Da aber die vertragliche Dienstleistung des Arbeitnehmers höchstpersönlich wahrzunehmen ist, vgl. § 613 BGB, sind auch die von der Arbeitgeberin angeordneten Personalgespräche grundsätzlich höchstpersönlich wahrzunehmen. Der streng personenbezogene Charakter des Arbeitsverhältnisses verbietet es also, dass der Arbeitnehmer gegen den Widerstand der Arbeitgeberin betriebsfremde Perso-*

nen zur Wahrnehmung seiner Pflichten aus dem Arbeitsverhältnis hinzuzieht. Die Arbeitgeberin kann erwarten, dass sich der Arbeitnehmer einem Personalgespräch persönlich stellt und hierbei mitwirkt.“

Von diesem Grundsatz werden zwei Ausnahmen gemacht:

- Wenn Sie als Führungskraft selbst einen Rechtsanwalt zu dem Personalgespräch hinzuziehen, dann besteht diese Option auch für den Mitarbeiter. Nur so kann letztendlich eine „Chancen- und Waffengleichheit“ zwischen den Parteien gewährleistet werden.
- Bei einer Verdachtsanhörung (Details dazu unter „Verhaltensbedingte Kündigung“) ist dem Mitarbeiter ebenso gestattet, einen Rechtsanwalt hinzuzuziehen.

„Ich bringe ein Mitglied des Betriebsrats mit“

Ein generelles Recht auf Hinzuziehung eines Betriebsratsmitglieds zum Personalgespräch existiert nicht. Jedoch bestehen auch hier Ausnahmen, sofern das Gesetz ausdrücklich vorsieht, dass der Mitarbeiter ein Mitglied des Betriebsrats hinzuziehen kann. Dies ist unter anderem bei folgenden Themen der Fall:

- Personalgespräch über die **Berechnung und Zusammensetzung des Arbeitsentgelts** (vgl. § 82 Abs. 2 Satz 1 und 2 BetrVG),
- Personalgespräch über die **Beurteilung der Leistung und die Erörterung der Möglichkeit der beruflichen Entwicklung** im Betrieb (vgl. § 82 Abs. 2 Satz 1 und 2 BetrVG),
- Personalgespräch über die Erörterung von **Umschulungs-**

und Weiterbildungsmaßnahmen, um die Kenntnisse und Fähigkeiten des Mitarbeiters an die künftigen Anforderungen anzupassen (vgl. § 81 Abs. 4 BetrVG).

„Ich werde nicht teilnehmen"

Wenn sich der Mitarbeiter weigert, mit Ihnen ein Personalgespräch zu führen, dann bleibt Ihnen eigentlich nur übrig, arbeitsrechtliche Sanktionen in Betracht zu ziehen. Ein Untätigbleiben untergräbt Ihre Autorität und Akzeptanz. Achten Sie in derartigen Fällen auf Folgendes:

- Um einen entsprechenden Nachweis führen zu können, laden Sie den Mitarbeiter schriftlich per E-Mail zu einem Personalgespräch ein. Beachten Sie eine ausreichende Ankündigungs- und Vorbereitungsfrist von einer Woche.
- Teilen Sie konkret Datum und Uhrzeit mit und zudem das Thema des Personalgesprächs. Durch das Thema steuern Sie, ob eine Verpflichtung des Mitarbeiters zur Teilnahme besteht. Wählen Sie also ein Thema, das sich an § 106 GewO orientiert und damit eine Teilnahmepflicht auslöst.
- Verweigert der Mitarbeiter ohne ausreichenden Entschuldigungsgrund (z.B. Krankheit) die Teilnahme an dem Personalgespräch, dann sollten Sie handeln. Als arbeitsrechtliche Sanktionen kommen die Ermahnung, die Abmahnung und im Wiederholungsfall auch eine Kündigung in Betracht.

8 Weisungsrecht

Fallbeispiel: *Aufgrund betrieblicher Umstrukturierungen plant Abteilungsleiter A, den Mitarbeiter M auf eine freie Stelle in einer anderen Abteilung zu versetzen. Die mit der neuen Stelle verbundenen Tätigkeiten weichen deutlich von den bisherigen Tätigkeiten des M ab. Alternativ hat A in Erfahrung gebracht, dass am Standort in London eine nahezu identische Stelle für M frei ist. Was muss A bei dem Ausspruch einer Versetzung beachten?*

8.1 Rechtliche Grundlagen

8.1.1 Inhalt und Reichweite des Weisungsrechts

Das Weisungsrecht ist in § 106 GewO geregelt: *„Der Arbeitgeber kann* ***Inhalt, Ort und Zeit*** *der Arbeitsleistung nach* ***billigem Ermessen*** *näher bestimmen, soweit diese Arbeitsbedingungen nicht durch den* ***Arbeitsvertrag****, Bestimmungen einer* ***Betriebsvereinbarung****, eines anwendbaren* ***Tarifvertrages*** *oder* ***gesetzliche Vorschriften*** *festgelegt sind. Dies gilt auch hinsichtlich der* ***Ordnung und des Verhaltens*** *der Arbeitnehmer im Betrieb. Bei der Ausübung des Ermessens hat der Arbeitgeber auch auf Behinderungen des Arbeitnehmers Rücksicht zu nehmen."*

Da Sie als Führungskraft Verantwortung für einen Aufgaben- bzw. Dienstleistungsbereich haben, müssen Sie dafür sorgen, dass die notwendigen Tätigkeiten von Ihren Mitarbeitern bewältigt bzw. geleistet werden. Durch den Arbeitsvertrag wird der Arbeitnehmer im Dienste eines anderen zur Leistung **weisungsgebundener**, fremdbestimmter Arbeit in persönlicher Abhängigkeit verpflichtet, vgl. § 611a Abs. 1 Satz 1 BGB. Die Weisungsgebundenheit ist ein wesentliches

Element des Arbeitsverhältnisses und zugleich Unterscheidungskriterium zu einer selbständigen Tätigkeit. Mit dem Weisungsrecht kann der Arbeitgeber, wie Bild 7 verdeutlicht, unter anderem **Inhalt, Ort und Zeit** der Arbeitsleistung näher bestimmen:

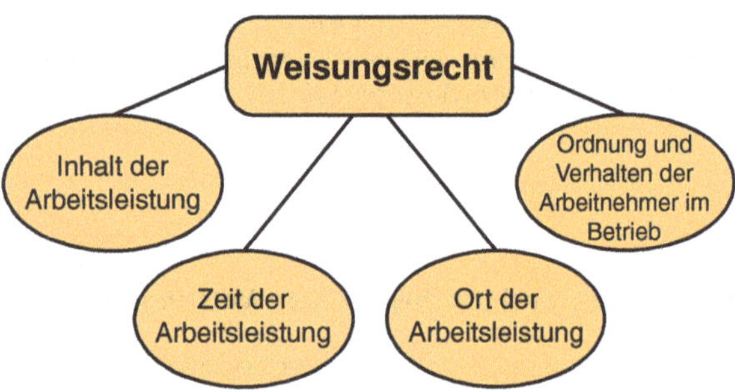

Bild 7: *Umfang des Weisungsrechts*

- **Inhalt:** Das Weisungsrecht erlaubt Ihnen als Führungskraft, die im Arbeitsvertrag nur rahmenmäßig umschriebene Leistungspflicht näher zu konkretisieren. Dies umfasst die **einzelnen Arbeitsaufgaben** und deren Priorisierung.
- **Ort:** Der Arbeitgeber kann den Ort der Arbeitsleistung bestimmen, z. B. anweisen, an welcher Dienststelle die Tätigkeit auszuüben ist.
- **Zeit:** Damit ist nicht die Anzahl der wöchentlich zu erbringenden Stunden zu verstehen. Zeit meint die **Lage der Arbeitszeit,** also den Arbeitsbeginn, das Arbeitsende, die Festlegung von Pausen, die Anordnung von Bereitschaftsdienst etc.

Daneben erstreckt sich das Weisungsrecht auch auf die **Ordnung** und das **Verhalten** der Arbeitnehmer im Betrieb. Hierunter fallen Rauchverbote, Nutzung von Mobilfunkgeräten und Internet, Kleiderordnung etc. Der Arbeitgeber ist beispielsweise kraft seines Weisungsrechts befugt, dem im Verkauf tätigen Arbeitnehmer zu untersagen, in Gegenwart von Kunden in Jeans, Turnschuhen, mit offenem Kragen, ohne Krawatte und ohne Sakko aufzutreten. Der Arbeitgeber, in dessen Betrieb Möbel gehobenen Genres hergestellt werden, erwartet von seinen im Verkauf tätigen Arbeitnehmern zu Recht, dass sie bei Gesprächen mit Kunden entsprechend gepflegt und in einer Art und Weise gekleidet auftreten, wie sie dem von dem Arbeitgeber festgelegten Charakter der Produkte entspricht (vgl. LAG Hamm vom 22.10.1991 – 13 TaBV 36/91). Es ist in diesem Pocket-Power-Band unmöglich, neben den rechtlichen Grundsätzen sämtliche Einzelfälle, welche Ihnen in der Praxis begegnen können, aufzulisten. Dazu müssen Sie im konkreten Einzelfall auf weitergehende Literatur zurückgreifen bzw. die Personalabteilung fragen.

Besonderheit des Weisungsrechts ist, dass es einseitig durch den Arbeitgeber bzw. durch Sie als Führungskraft ausgeübt werden darf. Die Zustimmung des Mitarbeiters ist nicht erforderlich.

8.1.2 Grenzen des Weisungsrechts

Gemäß § 106 GewO Satz 1 unterliegt das Weisungsrecht zahlreichen Grenzen.

Arbeitsvertrag, Betriebsvereinbarung und Tarifverträge

Die erste in § 106 GewO Satz 1 genannte zentrale Grenze ist der Arbeitsvertrag. Sofern die Arbeitsbedingungen bereits durch den Arbeitsvertrag einvernehmlich geregelt sind, wird der Spielraum für das Weisungsrecht eingeschränkt. Je konkreter **Inhalt, Ort und Zeit** im Arbeitsvertrag geregelt sind, desto weniger Spielraum verbleibt für die Ausübung des Weisungsrechts durch Sie als Führungskraft.

- **Inhalt:** Ist die Tätigkeit des Mitarbeiters im Arbeitsvertrag nur allgemein bezeichnet (z. B. Kassierer), was im Regelfall der Fall ist, dann kann der Arbeitgeber die Tätigkeiten mit dem Weisungsrecht näher ausgestalten und definieren, sofern die zugewiesenen Tätigkeiten für die im Arbeitsvertrag vereinbarte Tätigkeitsbezeichnung nicht vollkommen atypisch sind. Die Anweisung, dass der Kassierer am Ende des Abends den Kassenbestand zählen soll, wird eine Aufgabe sein, welche unter die Tätigkeitsbezeichnung „Kassierer" fällt. Davon wird aber nicht auszugehen sein, wenn der Kassierer die Anweisung erhält, am Abend vor Verlassen des Arbeitsplatzes noch die Toilette zu säubern. Ist hingegen im Arbeitsvertrag eine konkrete und detaillierte Tätigkeitsbeschreibung vereinbart worden, dann wird der Spielraum für das Weisungsrecht eng – sofern der Arbeitgeber keinen wirksamen Versetzungsvorbehalt erklärt hat.
- **Ort:** Ist der Einsatzort des Mitarbeiters vertraglich konkret unter genauer Bezeichnung festgelegt, dann kann per Weisungsrecht kein anderer Arbeitsort zugewiesenen werden – sofern der Arbeitgeber keinen wirksamen Versetzungsvorbehalt erklärt hat.
- **Zeit:** Ist im Arbeitsvertrag allgemein und pauschal formuliert, dass Beginn, Dauer und Ende der täglichen Arbeits-

zeit sich nach den für den Arbeitsbereich des Arbeitnehmers geltenden Dienstplänen richten, dann können Sie durch das Weisungsrecht die Lage der Arbeitszeit konkretisieren. Dies ist Ihnen nicht möglich, wenn konkret und abschließend im Arbeitsvertrag beispielsweise geregelt ist: *„Der Arbeitnehmer erbringt seine Tätigkeit an zwei Tagen pro Woche, Montag und Freitag, jeweils von 8.00 Uhr bis 13.00 Uhr.“*

Erkundigen Sie sich in der Personalabteilung, ob konkrete arbeitsvertragliche Regelungen das Weisungsrecht gegenüber Mitarbeitern aus Ihrem Team einschränken. Fragen Sie auch nach, ob in Ihrem Unternehmen Betriebsvereinbarungen oder Tarifverträge existieren, welche das Weisungsrecht des Arbeitgebers beschränken, weil schon entsprechende betriebsverfassungsrechtliche oder tarifvertragliche Regelungen bestehen.

Billiges Ermessen

Als weitere Grenze des Weisungsrechts bestimmen § 106 Satz 1 GewO und § 315 Abs. 1 und 3 BGB den Maßstab des „billigen Ermessens“. Nach der Rechtsprechung des BAG vom 23.09.2004 – 6 AZR 567/03 ist im Rahmen des billigen Ermessens eine umfassende beidseitige Interessenabwägung vorzunehmen. Dazu gehört, dass alle wesentlichen Umstände des Falles abgewogen und die beiderseitigen Interessen angemessen berücksichtigt werden. Bewegt sich die Weisung innerhalb dieser Grenze, ist sie für den Arbeitnehmer verbindlich.

Eine Weisung entspricht nicht billigem Ermessen, wenn ausschließlich Interessen des Arbeitgebers durchgesetzt werden, ohne auf die Interessen des Arbeitnehmers ausreichend Rücksicht zu nehmen.

8.2 Tipps, Fehlerquellen & häufige Fragen

8.2.1 Ist außerdienstliches Verhalten vom Weisungsrecht umfasst?

Das außerdienstliche Verhalten unterliegt grundsätzlich **nicht** der Weisungsbefugnis des Arbeitgebers. Ein Kontrollrecht des Arbeitgebers über das private Verhalten seiner Beschäftigten steht ihm nicht zu.

Das Weisungsrecht kann sich im Ausnahmefall auf das außerdienstliche Verhalten des Arbeitnehmers erstrecken, wenn Ihr Mitarbeiter aufgrund vertraglicher Rücksichtnahmepflichten angehalten ist, negative Auswirkungen privaten Verhaltens auf das Unternehmen zu vermeiden. Dies ist regelmäßig dann der Fall, wenn ein hinreichend konkreter Arbeitsbezug besteht und sich das außerdienstliche Verhalten auf den betrieblichen Bereich auswirkt und dort zu Störungen führt. So wird die Weisung an einen Beschäftigten, nüchtern zum Dienstantritt zu erscheinen - und das impliziert, keinen Alkohol in der Freizeit vor dem Dienstantritt zu trinken –, von der Reichweite des Weisungsrechts umfasst sein, wenn es sich um einen Kraftfahrer handelt und die Null-Promille-Alkoholgrenze gilt.

8.2.2 Den Chefkoch zur Reinigungskraft machen?

Äußerst praxisrelevant ist die Frage, inwieweit Sie als Vorgesetzter dazu berechtigt sind, einseitig per Weisungsrecht Mitarbeiter auf einen anderen Arbeitsplatz zu versetzen. Dies ist **nicht** möglich, sofern zwischen den Parteien kein wirksamer Versetzungsvorbehalt vereinbart worden ist. Die meisten Arbeitsverträge beinhalten jedoch sogenannte Versetzungsklauseln, mit welchen das Weisungsrecht des Arbeitgebers erweitert wird. Eine **Versetzungsklausel** im Hinblick auf den Inhalt der Tätigkeit kann beispielsweise lauten: „*Der Arbeitnehmer kann jederzeit mit einer anderen gleichwertigen und zumutbaren Aufgabe betraut werden.*"

Die Beantwortung der Frage, ob konkrete, im Einzelfall vereinbarte Versetzungsklauseln zulässig sind, sprengt den Rahmen dieses Buches. Das BAG sagt in der Entscheidung vom 11.04.2006 – 9 AZR 557/05 dazu: Eine Versetzungsklausel, die materiell **der Regelung** in § 106 Satz 1 GewO **nachgebildet ist**, stellt weder eine unangemessene Benachteiligung des Arbeitnehmers nach § 307 Abs. 1 Satz 1 BGB dar, noch verstößt sie allein deshalb gegen das Transparenzgebot des § 307 Abs. 1 Satz 2 BGB, weil keine konkreten Versetzungsgründe genannt sind.

Für Sie als Führungskraft ist wichtig zu wissen: Eine vorformulierte Klausel, nach welcher ein Arbeitgeber eine andere als die vertraglich vereinbarte Tätigkeit einem Arbeitnehmer „falls erforderlich" und nach „Abstimmung der beiderseitigen Interessen" einseitig zuweisen kann, ist jedenfalls dann als unangemessene Benachteiligung nach § 307 BGB anzusehen, wenn nicht gewährleistet ist, dass die Zuweisung eine mindestens gleichwertige Tätigkeit zum Gegenstand haben muss (BAG vom 09.05.2006 - 9 AZR 424/05).

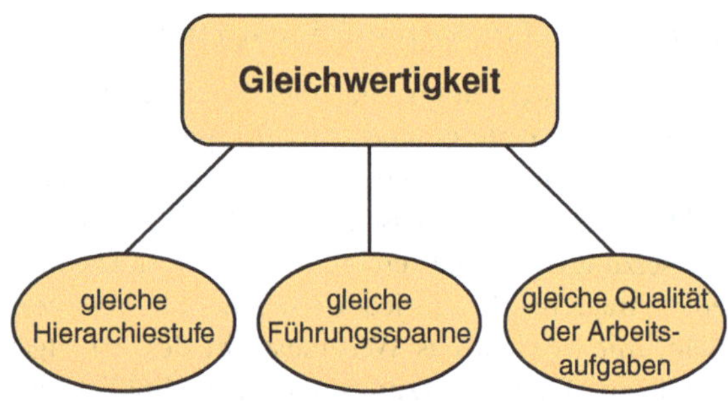

Bild 8: *Kriterien für die Gleichwertigkeit*

Kriterien für die Gleichwertigkeit sind u. a. (vgl. Bild 8):

- gleiche Hierarchiestufe,
- gleiche Führungsspanne,
- gleiche Qualität der Arbeitsaufgaben.

Daraus folgt, dass Sie einseitig per Weisungsrecht den Chefkoch nicht zur Reinigungskraft degradieren können, weil es sich dabei um keine mindestens gleichwertige Tätigkeit handelt.

Diese Ausführungen gelten nicht nur für die Zuweisung eines vollkommen neuen Aufgabengebietes, sondern auch für die Zuteilung neuer einzelner Arbeitsaufgaben unter Beibehaltung der „früheren" Arbeitsaufgaben.

Beinhaltet der Arbeitsvertrag auch einen wirksamen **örtlichen Versetzungsvorbehalt**, dann ist im Rahmen der Ausübung des Weisungsrechts insbesondere die **Zumutbarkeit** zu überprüfen. Die Weisung, zukünftig die Arbeitsleistung an einer anderen Dienststelle in der gleichen Stadt zu erbringen, wird zulässig sein. Hingegen hat das Landesarbeitsgericht Hessen die Unzumutbarkeit einer Weisung angenommen, welche vorsah, dass eine in Elternzeit teilzeitbeschäftigte Mutter, statt wie bisher vereinbart, zwei Tage die Woche an ihrem bisherigen Arbeitsort 24 Kilometer vom Wohnort entfernt nunmehr zwei Tage pro Woche in London zu arbeiten hat (LAG Hessen vom 15.02.2011 – 13 SaGa 1934/10).

8.2.3 Wenn das Weisungsrecht nicht weiterhilft ...

Sollte das gewünschte Ergebnis mit dem Weisungsrecht nicht erzielt werden können, weil z.B. die Versetzung nicht vom Inhalt und der Reichweite des Direktionsrechts umfasst ist (beispielsweise, weil es sich um keine mindestens gleichwertige Tätigkeit handelt), dann kommt als weiteres arbeitsrechtliches Mittel der Ausspruch einer Änderungskündigung in Betracht. Eine Änderungskündigung ist ein aus zwei Willenserklärungen zusammengesetztes Rechtsgeschäft (BAG vom 17.02.2016 – 2 AZR 613/14):

- Kündigungserklärung und
- ein Angebot zur Fortsetzung des Arbeitsverhältnisses zu geänderten Bedingungen.

Das Änderungsangebot muss so konkret gefasst sein, dass es der Arbeitnehmer ohne Weiteres annehmen kann. Ihm muss klar sein, welche Vertragsbedingungen zukünftig gelten sollen. In der Regel bezieht sich die Änderungskündigung auf arbeitsvertragliche Inhalte wie Inhalt der Tätigkeit, Höhe der Vergütung oder Ort der Tätigkeit.

Im Mittelpunkt der Praxis steht die betriebsbedingte Änderungskündigung. Eine betriebsbedingte Änderungskündigung ist sozial gerechtfertigt, wenn das Beschäftigungsbedürfnis für den Arbeitnehmer zu den bisherigen Vertragsbedingungen entfallen ist und der Arbeitgeber sich darauf beschränkt hat, solche Änderungen vorzuschlagen, die der Arbeitnehmer billigerweise hinnehmen muss. Die Änderungen müssen geeignet und erforderlich sein, um den Inhalt des Arbeitsvertrags an die verbliebenen Beschäftigungsmöglichkeiten anzupassen. Die angebotenen Änderungen dürfen sich nicht weiter vom bisherigen Inhalt des Arbeitsverhältnisses entfernen, als dies zur Erreichung des angestrebten Ziels erforderlich ist (BAG vom 18.05.2017 – 2 AZR 606/16). Es darf also nur das zwingend Notwendigste geändert werden. Wird versucht, mehr zu ändern, führt dies zur Unwirksamkeit der Änderungskündigung.

Sollte der Ausspruch einer Änderungskündigung in Betracht gezogen werden, wird die arbeitsrechtliche Materie so speziell, dass die Personalabteilung bzw. ein Rechtsanwalt eingeschaltet werden sollte. Sie sollten als Führungskraft jedoch wissen, dass es arbeitsrechtliche Instrumente für den Fall geben kann, wenn Sie mit dem Direktionsrecht nicht an ihr Ziel kommen.

8.2.4 Mitbestimmungsrechte des Betriebsrats beachten!

Existiert in Ihrem Unternehmen ein Betriebsrat, dann beachten Sie die Mitbestimmung des Betriebsrats insbesondere in drei Fällen:

- **Versetzungen:** Die Betriebsverfassung verfügt über einen eigenständigen Versetzungsbegriff. Gemäß § 95 Abs. 3

Satz 1 BetrVG ist Versetzung die Zuweisung eines anderen Arbeitsbereichs, die voraussichtlich die Dauer von einem Monat überschreitet oder mit einer erheblichen Änderung der Umstände verbunden ist, unter denen die Arbeit zu leisten ist. Handelt es sich danach um eine Versetzung im Sinne der Betriebsverfassung, dann ist gemäß § 99 Abs. 1 Satz 1 BetrVG der Betriebsrat über die Versetzung zu unterrichten und die Zustimmung zur geplanten Maßnahme einzuholen. Eine unter Missachtung der Mitbestimmung bei personellen Einzelmaßnahmen durchgeführte Versetzung ist gegenüber dem Mitarbeiter unwirksam. Der Mitarbeiter muss der Versetzung nicht Folge leisten.

- **Ordnung und Verhalten:** Das Weisungsrecht erstreckt sich gemäß § 106 Satz 2 GewO auch auf die Ordnung und das Verhalten der Arbeitnehmer im Betrieb. Zugleich sieht die Betriebsverfassung ein Mitbestimmungsrecht des Betriebsrats bei Fragen der Ordnung des Betriebs und des Verhaltens der Arbeitnehmer im Betrieb vor, vgl. § 87 Abs. 1 Nr. 1 BetrVG. In der Regel werden die Themen betreffend „Ordnung und Verhalten“ in Betriebsvereinbarungen mit dem Betriebsrat geregelt. Diese Bestimmungen sollten Sie als Führungskraft kennen, da sich daraus zum Teil sowohl Rechte und Befugnisse als auch Einschränkungen Ihres Weisungsrechts ergeben können. Die Mitbestimmung nach § 87 Abs. 1 Nr. 1 BetrVG umfasst hingegen **nicht das Arbeitsverhalten** der Mitarbeiter. In diesen Fällen können Sie als Führungskraft vollkommen eigenständig agieren.
- **Arbeitszeit:** Aufgrund des Weisungsrechts gemäß § 106 Satz 1 GewO kann der Arbeitgeber die **Zeit** der Arbeitsleistung näher bestimmen. Zugleich sieht die Betriebsverfassung ein Mitbestimmungsrecht des Betriebsrats nach § 87

Abs. 1 Nr. 2 und 3 BetrVG in folgenden Bereichen vor: Beginn und Ende der täglichen Arbeitszeit einschließlich der Pausen sowie Verteilung der Arbeitszeit auf die einzelnen Wochentage und vorübergehende Verkürzung oder Verlängerung der betriebsüblichen Arbeitszeit. In der Regel wird das Thema „Arbeitszeit“ in einer Betriebsvereinbarung geregelt, von welcher Sie als Führungskraft Kenntnis haben sollten. Daraus können sich sowohl Rechte und Befugnisse als auch Einschränkungen bezüglich des Weisungsrechts ergeben.

Eine Weisung an den Mitarbeiter unter Missachtung der Mitbestimmung des Betriebsrats ist unwirksam.

8.2.5 Weisungsrecht und Arbeitszeitgesetz

Bei sämtlichen Anweisungen die Arbeitszeit betreffend müssen Sie als Führungskraft das Arbeitszeitgesetz beachten. Das gilt insbesondere für die Zehn-Stunden-Regel:

- **Arbeitszeit:** Die werktägliche Arbeitszeit der Arbeitnehmer darf **acht Stunden** nicht überschreiten. Sie kann auf bis zu **zehn Stunden** nur verlängert werden, wenn innerhalb von sechs Kalendermonaten oder innerhalb von 24 Wochen im Durchschnitt acht Stunden werktäglich nicht überschritten werden (vgl. § 3 ArbZG).
- **Ruhepausen:** Bis zu sechs Stunden kann durchgearbeitet werden. Bei einer Arbeitszeit von mehr als sechs und bis zu neun Stunden muss eine Ruhepause von mindestens 30 Minuten genommen werden. Bei einer Arbeitszeit von mehr als neun Stunden ist eine Ruhepause von

mindestens 45 Minuten unbedingt einzuhalten (vgl. § 4 ArbZG).

- **Ruhezeit:** Die Arbeitnehmer müssen nach Beendigung der täglichen Arbeitszeit eine ununterbrochene Ruhezeit von mindestens elf Stunden einlegen (vgl. § 5 ArbZG).

Erkundigen Sie sich, inwieweit für Ihren Betrieb gesetzliche oder tarifliche Ausnahmen gelten (z. B. Verkürzung der Ruhezeit, Tarifverträge für Ärzte, Sonderformen der Rufbereitschaft und des Bereitschaftsdienstes etc.).

Klären Sie, wer in Ihrem Bereich die Verantwortung für die Einhaltung des Arbeitszeitgesetzes trägt. Gemäß § 22 Abs. 1 ArbZG ist der „Arbeitgeber" bußgeldrechtlich verantwortlich. Dies kann bei einer juristischen Person der gesetzliche Vertreter sein (vgl. § 9 Abs. 1 OWiG), also z. B. der Geschäftsführer der GmbH. Es kann aber auch Sie persönlich als Führungskraft treffen, sofern Sie gemäß § 9 Abs. 2 OWiG

- beauftragt sind, den Betrieb ganz oder zum Teil zu leiten (z. B. Betriebsleiter, Abteilungsleiter), oder
- ausdrücklich beauftragt sind, in eigener Verantwortung Aufgaben wahrzunehmen, die dem Inhaber des Betriebes obliegen.

Sollte das der Fall sein, richtet sich ein Bußgeldbescheid aufgrund von Verstößen gegen das Arbeitszeitgesetz gegen Sie persönlich. Von daher ist es in Ihrem eigenen Interesse, zum einen Klarheit im Hinblick auf die Verantwortlichkeit zu besitzen und zum anderen konsequent auf die Einhaltung des Arbeitszeitgesetzes zu achten.

8.2.6 Umgang mit Reaktionen des Mitarbeiters

„Sie können mir gar nichts sagen!"

Wenn Sie der Vorgesetzte sind, dann ist die simple Antwort: „Doch!" Entsprechend der Reichweite und innerhalb der Grenzen des Weisungsrechts haben Sie das Sagen. Wird Ihren Anweisungen nicht Folge geleistet, dann stehen Ihnen die arbeitsrechtlichen Instrumente von der Ermahnung über die Abmahnung bis hin zur Kündigung zur Verfügung. Der Pflichtenverstoß des Mitarbeiters in diesen Fällen ist die Nichteinhaltung der Weisung des Vorgesetzten.

Zum Teil ist festzustellen, dass sich Vorgesetzte über Jahre hinweg „auf der Nase herumtanzen lassen" und Verstöße gegen Anweisungen toleriert werden. So entwickelt sich eine Kultur nach dem Motto *„Wir können hier sowieso tun und lassen, was wir wollen".* Wollen Sie eine solche Kultur vermeiden, gilt es als Führungskraft selbstbewusst aufzutreten und exakte Regeln und Vorgaben zu formulieren, für deren Einhaltung Sie konsequent sorgen. Bei Nichteinhaltung von Anweisungen können Sie erst eine Ermahnung und dann eine Abmahnung aussprechen, um den Mitarbeitern Orientierung zu geben, was akzeptiert wird und was nicht.

„Ich habe Ihre Weisung anders verstanden!"

Kommunikation birgt immer das Risiko, dass Ihr Gegenüber Sie falsch versteht. Damit tragen Sie als Erklärender auch grundsätzlich das Risiko, dass Ihre Weisung falsch verstanden wird und damit nicht entsprechend umgesetzt wird. Um solche Missverständnisse zu vermeiden, können

Sie in absolut wichtigen Fällen eine der beiden Varianten wählen:

- Fordern Sie Ihr Gegenüber auf, Ihre Weisung in seinen Worten zusammenzufassen. So kontrollieren Sie, ob Ihre Weisung richtig verstanden wurde.
- Fassen Sie Ihre Weisung schriftlich ab und senden Sie diese per E-Mail. Achten Sie dabei darauf, dass nichts falsch verstanden werden kann, und formulieren Sie eindeutig, knapp und präzise.

„Ihre Weisung ist unzulässig!"

Das kann eventuell ein zulässiger und zu berücksichtigender Einwand des Mitarbeiters sein. Sollte dieser Einwand erfolgen, dann lassen Sie sich zunächst erklären, warum nach Ansicht des Mitarbeiters die Weisung unzulässig ist. Es liegt auch in Ihrem Interesse, dies zu überprüfen.

Weisungen sind rechtswidrig bzw. unbillig und damit unzulässig, wenn

- sie unter Missachtung der Mitbestimmung erfolgen,
- Regelungen aus dem Arbeitsvertrag, einer Betriebsvereinbarung oder einem Tarifvertrag ihr entgegenstehen,
- sie gegen ein Gesetz verstoßen oder
- sie unter Nichtbeachtung des billigen Ermessens nach § 106 Satz 1 GewO erfolgen.

Der Mitarbeiter darf die Befolgung rechtswidriger oder unbilliger Weisungen verweigern. Zum Beispiel ist die Anweisung des Vorgesetzten, eine Schicht von 14 Stunden zu absolvieren, rechtswidrig, weil sie gegen das Arbeitszeitgesetz verstößt. Auch wenn eine Weisung nicht billigem Ermessen entspricht und damit unbillig ist, ist der Mitarbeiter an die Weisung nicht gebunden (BAG vom 14.09.2017 – 5 AS 7/17). Weitere Konsequenz ist, dass Sie das Verhalten des Mitarbeiters nicht ahnden können. Beispielsweise kann keine Abmahnung wegen Nichtbefolgung einer Weisung ausgesprochen werden, wenn die Weisung rechtswidrig war.

„Dann gehe ich vor Gericht!"

Sehen Sie sich mit dieser Aussage konfrontiert, können Sie das in der Regel gelassen auf sich zukommen lassen. Jeder Mitarbeiter hat die Möglichkeit, die Rechtmäßigkeit von Weisungen gerichtlich überprüfen zu lassen. In der Regel wird das Arbeitsgerichtsverfahren ca. neun Monate dauern. Der Mitarbeiter trägt dabei ein nicht zu unterschätzendes Risiko:

- Stellt sich bei der gerichtlichen Überprüfung heraus, dass die Weisung rechtmäßig erfolgte, dann war der Arbeitnehmer nicht berechtigt, die Weisung zu ignorieren. In diesem Fall droht der Ausspruch einer Abmahnung. Aus diesem Grund wird der Mitarbeiter regelmäßig die Weisung von Anfang an befolgen unter dem Vorbehalt der Rechtmäßigkeit der Weisung. Damit entgeht er dem Risiko, dass er später für die Nichtbefolgung der Weisung zur Verantwortung gezogen wird. Das heißt, dass Sie als Arbeitgeber entspannt mit der Situation umgehen können, da in der Praxis Ihre Weisung – wenn auch unter Vorbehalt – meist umgesetzt wird.

- Stellt sich bei der gerichtlichen Überprüfung heraus, dass die Weisung rechtswidrig erfolgte, dann war der Arbeitnehmer berechtigt, der Weisung nicht zu folgen. Konsequenzen in Form von Abmahnung oder keiner Lohnzahlung kann es dann nicht geben.

In Ausnahmefällen kann der Mitarbeiter eine einstweilige Verfügung beantragen, sofern eine besondere Eilbedürftigkeit vorliegt, also dringend Eile geboten ist. Die Arbeitsgerichte sind in der Bejahung der Eilbedürftigkeit eher restriktiv. Eine „klassische" Weisung oder Versetzung begründet in der Regel keine Eilbedürftigkeit. Diese wird in der Rechtsprechung nur dann angenommen, wenn z.B. die Versetzung offensichtlich rechtswidrig ist und wenn überwiegend schutzwürdige Interessen geltend gemacht werden wie ein Reputationsverlust oder der unwiederbringliche Verlust von Spezialkenntnissen (LAG Hessen vom 08.10.2010 – 3 SaGa 496/10).

Literatur

Junker, A.: Grundkurs Arbeitsrecht, München, (17. Auflage) Verlag C.H. Beck 2018

Henssler, M.; Willemsen, H. J.; Kalb, H.-J.: Arbeitsrecht Kommentar, Köln, (8. Auflage) Verlag Dr. Otto Schmidt 2018

Küttner, W.: Personalbuch 2018, München, (25. Auflage) Verlag C.H. Beck 2018

Müller-Glöge, R.; Preis, U.; Schmidt, I.: Erfurter Kommentar zum Arbeitsrecht, München, (18. Auflage) Verlag C.H. Beck 2018

Schulz, M.: Ethikrichtlinien und Whistleblowing – Arbeitsrechtliche Aspekte der Einführung eines Compliance Systems, Frankfurt am Main, Verlag Peter Lang 2010

Sämtliche zitierten Gesetze sind nachzulesen unter: www.dejure.org

Sämtliche zitierten Entscheidungen des BAG und der LAGs sind nachzulesen auf www.juris.de (kostenpflichtig) bzw. auch teilweise über www.dejure.org.

Abkürzungsverzeichnis

ArbZG	Arbeitszeitgesetz
AZR	Registerzeichen beim Bundesarbeitsgericht für Revisionsverfahren
BAG	Bundesarbeitsgericht
BBiG	Berufsbildungsgesetz
BEEG	Bundeselterngeld- und Elternzeitgesetz
BEM	Betriebliches Eingliederungsmanagement
BetrVG	Betriebsverfassungsgesetz
BGB	Bürgerliches Gesetzbuch
EntgFZG	Entgeltfortzahlungsgesetz
GewO	Gewerbeordnung
KSchG	Kündigungsschutzgesetz
LAG	Landesarbeitsgericht
MDK	Medizinischer Dienst der Krankenversicherung
MuSchG	Mutterschutzgesetz
OWiG	Gesetz über Ordnungswidrigkeiten
SaGa	Registerzeichen beim Landesarbeitsgericht für Verfahren über Arreste und einstweilige Verfügungen
SGB	Sozialgesetzbuch
TaBV	Registerzeichen beim Landesarbeitsgericht für Beschwerden in Beschlussverfahren